우리말
묘법연화경

| 지은이 · 김성규 |

책 머리에

경은 부처님께서 말씀하신 것입니다.
그렇기 때문에 누구든지 쉽게 알아들을 수 있어야 하며 쉽게 이해하고 실천에 옮겨 자신의 삶의 문제를 푸는 열쇠가 될 수 있어야 합니다.
진정한 의미에서 우리가 쉽게 읽을 수도 없고 이해할 수도 없는 경전은 이미 경전이 아닙니다. 경전이 이 땅의 역사 속에서 살아 있기 위해서는 몇 백 년이 걸리더라도 끊임없이 되번역 작업이 이루어져야 합니다. 부처님의 삶을 닮아가고자 경전에 의거하여 진지한 삶을 추구하는 수행자들이 평생 이 일에 자신을 던지는 한이 있더라도 이 땅의 살아 있는 언어로 되번역하는 역경은 꼭 이루어져야 합니다.

매일 부처님께서 걸어가신 삶의 자취들을 되새겨 봅니다.

400년경 산스크리트어나 팔리어로 된 380권의 경전을 한문으로 번역한 구마라집의 삶과 그 당시의 시대적 역사적 상황들을 생각해 봅니다.

부처님께서 살아 계셨던 때와 구마라집이 경전을 한문으로 번역할 때와 오늘날의 역사적 상황들을 생각하면서 2600년 전 부처님의 말씀을 지금의 우리말로 되살리려고 최선을 다하였습니다.

여기 되번역된 부처님의 말씀이 우리들의 가슴에 한송이 하얀 연꽃으로 피어나기를 간절히 기도하면서.

나무묘법연화경.

불기 2542년(1998년) 입춘 남산기슭 정명선방에서

책 머리에 2

2014년 10월부터 시작한 묘법연화경 강의가 2015년 6월에 끝났습니다.

8개월 동안 묘법연화경을 강의하면서 600장에 달하는 강의 슬라이드가 만들어지고 매주 강의하기 전에 한 품씩 독송을 하였으며, 공부하는 모든 수강자들이 함께 동참하여 매일 새벽에 묘법연화경을 독송하면서 하루를 시작하였습니다.

이러한 인연공덕으로 묘법연화경을 반복하여 볼 수 있는 기회를 가지게 되었습니다. 1998년에 우리말로 번역한 묘법연화경을 교재로 사용하여 독송을 되풀이하는 과정에서 독송하기에 편리한 독송용 우리말 묘법연화경을 만들 수 있게 되었습니다. 함께 공부한 수강자 분들에게 진심으로 감사의 마음을 전합니다.

아마추어에 의하여 제작된 졸작의 동영상이지만 묘법연화경을 이해하는데 도움이 될 것이라는 생각이 앞서 함께 작업하였습니다.

세세생생 이 묘법연화경을 한번 시절인연 맺기도 어려운데 우리는 너무나 행복한 행운을 맞이하게 되었습니다. 일대 일의 문답이 아닌 많은 대화자가 등장하는 상황에서 최선을 다하여 독송하기에 편리하게 편집하였습니다.

이 인연공덕으로 묘법연화경이 힘들고 어려운 이 사바세계에 한줄기 빛이 되기를 간절히 기원합니다. 누구나 쉽게 받아 지니고 읽고 널리 전파하기를 간절히 기원합니다.

불교 최고의 경전, 묘법연화경은 우리들에게 매일

공부할 수 있는 열정을 가지고 환희로움에 젖어들게 할 것이며, 생활 속에서 깨달음을 성취하여 적묵 속으로 우리를 인도할 것입니다.
나무 석가모니불, 나무 묘법연화경.

불기 2559년(서기 2015년) 7월 5일

淨名 김성규

차 례

제 1 서품 ·· 11
제 2 방편품 ·· 39
제 3 비유품 ·· 67
제 4 신해품 ·· 107
제 5 약초유품 ·· 129
제 6 수기품 ·· 141
제 7 화성유품 ·· 153
제 8 오백제자수기품 ·· 187
제 9 수학무학인기품 ·· 201
제 10 법사품 ·· 211
제 11 견보탑품 ·· 225
제 12 제바달다품 ·· 241
제 13 권지품 ·· 253
제 14 안락행품 ·· 261
제 15 종지용출품 ·· 281

제 16 여래수량품	297
제 17 분별공덕품	311
제 18 수희공덕품	327
제 19 법사공덕품	335
제 20 상불경보살품	353
제 21 여래신력품	365
제 22 촉루품	373
제 23 약왕보살본사품	379
제 24 묘음보살품	395
제 25 관세음보살보문품	407
제 26 다라니품	421
제 27 묘장엄왕본사품	431
제 28 보현보살권발품	443

부록 – 낱말, 내용 찾아보기 ········· 455

제 1 서품

제 1 서품

[1-1] 이와 같이 나는 보고 들었다. 한 때에 부처님께서는 왕사성 기사굴산에서 수행자 일만이천 대중과 함께 계셨다. 그들은 모두 아라한으로 집착의 씨앗 애욕의 나무를 뿌리채 뽑아 삶과 죽음을 초월하여 번뇌가 없었으며, 진실한 삶에 대한 확고한 믿음이 있었으며, 인연법을 철저히 깨달아 존재의 결박으로부터 자유로웠으며, 마음은 항상 고요한 선정에 들어 있었다. 대중 속에는 최초로 부처님의 제자가 된 아야교진여, 두타제일 마하가섭, 지혜제일 사리불, 신통제일 목건련, 설법제일 부루나, 해공제일 수보리, 다문제일 아난, 밀행제일 라후라 등이 있었으며, 배움이 있는 수행자와 배움이 없는 수행자 이천 명과 마하파사파제 비구니와 권속 육천 명과 야수다라 비구니와 그의 권속들도 함께 있었다.

【1-2】 부처님께서 대승법을 설하신다는 소문을 듣고 위 없는 바른 깨달음을 성취하겠다고 굳게 맹세한 뛰어난 수행자 팔만 명의 보살들이 모여 들었다.

그들은 뛰어난 말 솜씨로 중생들을 제도하며 한량 없는 부처님 전에 공양하여 깨달음을 이루기 위한 덕의 근본을 심어 항상 부처님으로부터 칭찬을 받았으며, 자비로운 마음으로 부지런히 수행정진하여 부처의 지혜를 증득하였다.

그들의 이름은 문수사리보살, 관세음보살, 득대세보살, 상정진보살, 불휴식보살, 보장보살, 약왕보살, 용시보살, 보월보살, 월광보살, 만월보살, 대력보살, 무량력보살, 월삼계보살, 발타바라보살, 미륵보살, 보적보살, 도사보살이며 이러한 보살들 팔만 명이 함께 있었다.

【1-3】 제석천왕은 월천자, 보향천자등 그의 권속 이

만 천자를 거느리고 나타났다.

사대천왕은 그의 권속 일만 천자를 거느리고 나타났으며, 자재천자와 대자재천자는 그의 권속 삼만 천자를 거느리고 나타났으며, 사바세계를 다스리는 시기대범 범천왕, 광명대범 범천왕 등은 그의 권속 일만이천 천자를 거느리고 나타났다.

여덟 용왕이 있으니 난타용왕, 발난타용왕, 사가라용왕, 화수길용왕, 덕차가용왕, 아나바달다용왕, 마나사용왕, 우발라용왕은 각각 그의 권속 십만을 거느리고 나타났다.

네 긴나라왕이 있으니 법긴나라왕, 묘법긴나라왕, 대법긴나라왕, 지법긴나라왕은 각각 그의 권속 십만을 거느리고 나타났다.

네 건달바왕이 있으니 악건달바왕, 악음건달바왕, 미건달바왕, 미음건달바왕은 각각 그의 권속 십만을 거느리고 나타났다.

네 아수라왕이 있으니 바치아수라왕, 거라건타아수라왕, 비마질다라아수라왕, 나후아수라왕은 각각 그의 권속 십만을 거느리고 나타났다.

네 가루라왕이 있으니 대위덕가루라왕, 대신가루라왕, 대만가루라왕, 여의가루라왕은 각각 그의 권속 십만을 거느리고 나타났다.

위제희의 아들 아사세왕도 수 많은 신하들을 거느리고 나타나 부처님 발에 정례하고 한쪽에 물러가 앉았다.

【1-4】 기사굴산은 모여 든 사부대중으로 가득 차 버렸다.

그 때에 부처님께서는 선정에서 깨어나 중생들을 위하여 대승법을 설하셨다. 부처님께서는 이 대승법을 설하신 후 가부좌를 하시고 무량의처삼매에 드시어 몸과 마음이 움직이지 않으셨다. 하늘은 축복으로 꽃비를 내렸고, 땅은 놀라움으로 진동하였다. 모든 대중은 환희로움에 충만되어 합장하고 한 마음으로 부처님을 우러러 보았다.

이 때 부처님께서는 미간의 백호상에서 광명을 놓아 동쪽 일만팔천 세계를 비추니 그 세계가 대중들의 눈앞에 생생하게 펼쳐졌다. 아래로는 아비지옥에서부터 위로는 색구경천에 이르기 까지 육도 윤회하는 모습이 그대로 펼쳐졌으며, 또 그 곳에 계신 부처님의 법문도 들을 수 있는 귀한 시간을 가졌으며, 그 곳 수행자들이 깨달음을 성취하기 위하여 목숨을 걸고 수행하는 모습을 보기도 하였으며, 보살들이 근기에 맞게 인연따라 보살도를 행하는 모습을 보기도 하였다.

부처님께서 열반에 드시는 것을 보았으며, 열반에 드시고 난 뒤에 부처님의 사리로 칠보탑을 세우는 것을 보기도 하였다.

[1-5] 이 때 미륵보살은 이렇게 생각하였다.

"부처님께서 이러한 신통 변화를 나타내시니, 무슨 인연으로 이러한 상서로움이 있는 것일까? 부처님께서는 지금 삼매에 드셨으니, 불가사의하고 드물게 일어나는 이러한 일을 누구에게 물어 보아야 그 대답을 들을 수 있을까?

문수보살은 과거 한량 없는 부처님들을 모시고 공양해 왔으니, 이러한 불가사의한 모습을 보았을 것이다."

이 때 모든 사부대중도 미륵보살과 같은 생각을 하고 있었다.

미륵보살이 문수보살에게 물었다.

"문수보살님,

무슨 인연으로 이러한 상서로운 신통이 나타나 큰 광명으로 동쪽 세계를 비추어, 부처님 나라의 장엄함을 모두 보게 되는 것입니까?"

【1-6】 이 때 미륵보살은 이 뜻을 거듭 펴려고 게송으로 물었다.

① 부처님께서는 무슨 일로 미간의 백호에서
② 큰 광명을 놓으시어 일만팔천 세계를 비추시며
③ 만다라꽃 만수사꽃이 하늘에서 비 오듯 내려오고
④ 전단향 향기가 바람에 실려 모든 중생을 기쁘게 합니까?

① 이 인연으로 땅은 모두 깨끗해지고 세계가 여섯 가지로 진동하며,
② 대중들은 기쁨에 넘쳐 있고 몸과 마음 유쾌하기 그지 없습니다.
③ 아비지옥부터 색구경천까지 육도 윤회하는 중생들의 모습
④ 나고 죽고 헤매면서 받게 되는 여러 과보 여기에서

다 봅니다.

① 뛰어나고 지혜로운 거룩한 부처님이 경전을 설하시니
② 미묘하고 제일이며 청정한 음성으로 부드러운 말씀으로 수 많은 보살들을 가르치시며
③ 모든 생명 좋아하는 깊고 묘한 법음으로
④ 보이는 세계마다 바른 법을 연설합니다.

① 가지가지 인연과 한량 없는 비유로써
② 법륜을 굴리시어 탐욕스럽고 어리석은 중생들을 깨우치며
③ 늙고 병들어 죽는 괴로움에서 자유롭기를 원하면
④ 열반을 연설하여 번뇌를 끊어 괴로움에서 벗어나게 합니다.

① 복이 있는 어떤 사람 부처님께 공양하고
② 훌륭한 법 구할 때는 연각을 설해 주고
③ 진실한 어떤 불자가 여러 가지 행을 닦아
④ 위 없는 지혜 구할 때는 청정한 도를 말씀하십니다.

【1-7】① 문수사리보살이여!
② 내가 여기 있으면서 듣고 봄이 이러하여
③ 천억 가지에 이르지만
④ 그 중에서 대강만 말하겠습니다.

① 저 세계에 살고 있는 갠지즈 강의 모래 같이 많은 보살
② 가지가지 인연으로 불도를 구하는데 보시를 행하는 보살은
③ 금 은과 산호 진주, 노비와 수레, 보배 연을 기꺼이 보시하며

④ 삼계에 제일 가는 진리를 터득하니 부처님이 칭찬합니다.

① 또 어떤 보살은 네 말이 이끄는 보배 수레
② 난간 있고 일산 받친 보배 수레 보시하며,
③ 용맹한 어떤 보살 몸과 살과 손발이며
④ 마음까지 보시하여 위 없는 도를 구합니다.

① 문수사리보살이여! 내가 보니 여러 임금
② 부처님께 나아가서 위 없는 도를 묻고는
③ 나라와 궁전이며 왕비와 신하들을 다 버리고
④ 머리와 수염 깎고 가사를 받아 지녀 수행자가 되었습니다.

① 또 어떤 보살은 수행자가 되어 깊은 산중 들어가
② 천억 년을 용맹정진 하여 부처 되기를 기원하며

③ 어떤 보살은 선정 지혜 구족하여 한량 없는 비유로써 듣기 좋은 말 솜씨로
④ 대중에게 연설하니 온 우주에 법의 소리 가득합니다.

① 또 어떤 보살은 숲속에서 빛을 놓아
② 지옥 중생을 제도하여 불도에 들게 하며
③ 어떤 보살은 참는 힘이 뛰어나서
④ 좋아하고 싫어하는 간택함이 아예 없습니다.

① 또 어떤 보살은 맑은 허공과 같이
② 모든 법의 성품이 둘 아님을 보고 알며
③ 어떤 보살은 집착 없는 마음으로
④ 미묘한 지혜로 위 없는 불도를 구합니다.

【1-8】① 문수사리보살이여!

어떤 보살은 부처님 열반한 후에
② 사리에 공양하고, 어떤 보살은 수 많은 탑을 쌓아 국토를 장엄하니
③ 이슬처럼 반짝이는 보배휘장으로 높고 묘한 보배탑, 하늘 용 귀신
④ 사람 우주 만물이 꽃과 향기 소리로써 항상 공양합니다.

① 부처님께서 이러한 모습을 보시고 광명을 놓으시니
② 중생들은 사바세계의 여러 가지 모양을 빠짐없이 보았으며
③ 부처님의 위 없는 지혜와 끝없는 자비로 다시 광명을 놓으시니
④ 한량 없는 세계들이 눈앞에 펼쳐집니다.

① 문수사리보살이여!

② 부처님께서 무슨 일로 광명을 놓으십니까?
③ 앞으로 어떤 상서가 일어나려고 이러한 광명을 놓으십니까?
④ 부처님께서 어떤 미묘한 법을 말씀하시려는 것입니까?

① 수기를 주시려는 것입니까?
② 무슨 인연으로 이러한 상서로움이 일어나는 것입니까?
③ 문수사리보살이여!
④ 모든 사부대중이 당신의 대답을 기다리고 있습니다.

【1-9】 문수보살이 미륵보살과 대중들을 둘러보시고 대답하였다.
"거룩한 수행자들이여,
내 생각으로는 부처님께서 대승법문을 설하시며, 큰

법비를 내리시며, 법라를 부시며, 법고를 치시며, 대승 법문의 인연을 설하시려는 것 같습니다.
거룩한 수행자들이여,
나는 과거에도 많은 부처님이 계신 곳에서 이러한 상서로움을 보았는데, 반드시 이러한 광명을 놓으시고는 대승법을 설하셨습니다. 세간의 생각으로는 믿기 어려운 법을 알게 하시려고 이러한 상서로움을 나타내신 것으로 생각됩니다.
거룩한 수행자들이여!
아득히 먼 과거 아승지겁에 일월등명이라는 부처님이 계셨습니다. 바른 법을 설하시니, 처음도 좋고 중간도 좋고 끝도 좋으며, 말은 단순하지만 뜻은 깊으며, 순수하고 맑고 깨끗한 수행자의 모습을 갖추고 있었습니다.
성문을 구하는 자에게는 사제법을 설하여 생, 노, 병, 사를 건너 마침내 열반에 이르게 하시고, 벽지불을 구하는 자에게는 십이연기법을 설하여 자연의 이치를 터득하게 하였으며, 보살에게는 육바라밀을 설하여 최상의 깨달음을 얻어 마침내 일체종지를 이루게 하였습니다."

[1-10] 그 앞에 한 부처님이 계셨는데, 이름은 역시 일월등명이라 했으며, 그 뒤에 또 한 부처님이 계셨는데 이름은 같았습니다. 앞뒤 이만 부처님의 이름도 모두 일월등명이라 했으며, 성씨는 모두 파라타였습니다. 미륵보살이여! 맨 나중 일월등명부처님께서 출가하기 전에 왕이 되어 나라를 다스리고 있을 때 그에게는 유의, 선의, 무량의, 보의, 증의, 제의의, 향의, 법의라는 여덟 명의 왕자가 있었습니다 여덟 왕자는 덕을 갖추었고, 지혜와 용맹이 뛰어나 각각 사 천하를 다스렸습니다. 왕자들은 아버지께서 출가하여 최상의 깨달음을 성취하였다는 소문을 듣고 모두 아버지를 따라

출가하였습니다. 도를 이루겠다는 큰 뜻을 품고 청정한 수행자의 길을 걸었습니다. 천만의 부처님 처소에서 온갖 착하고 바른 행위를 하여 선근을 심었습니다.

【1-11】 이 때 일월등명부처님께서 대승법을 설하시니 이름을 무량의라 하였습니다. 이 경전을 설하시고는 곧 대중 가운데서 가부좌를 하시고 무량의처 삼매에 드시니 몸과 마음이 움직이지 않으셨습니다. 이 때 하늘은 꽃비를 내려 축복하였으며, 땅은 감동으로 뒤흔들렸습니다. 모든 대중은 기쁨에 넘쳐 합장하고 일심으로 부처님을 공경하였습니다. 이 때 부처님께서는 미간의 백호상에서 광명을 놓아 동쪽으로 일만팔천 세계를 비추니 모든 세계가 눈 앞에 생생하게 펼쳐졌습니다. 수억겁이 지났지만 세계는 조금도 변하지 않고 예전과 똑같았습니다.
미륵보살이여!

이 때 그 모임에는 이십억이나 되는 보살들이 즐겨 부처님 법을 듣고 있었습니다. 보살들은 광명이 널리 세계를 비추는 것을 보고 일찌기 없었던 일이라 하여, 그 광명이 비추어지게 된 까닭을 알고 싶어 했습니다. 부처님께서는 대중들의 뜻을 아시고 삼매에서 깨어나 대승법을 설하셨습니다. 이 법의 이름은 묘법연화이며 보살을 가르치는 법이었습니다.

【1-12】부처님께서는 육십 소겁(10세부터 100년마다 1세씩 늘어 8만 세에 이르기 까지의 기간을 1 소겁이라 한다, 약 8백만 년) 동안 몸과 마음을 움직이지 않으시고 법을 설하였으며, 대중들도 육십 소겁 동안 몸과 마음을 움직이지 않고 부처님의 법을 듣고 있었습니다. 마침내 일월등명부처님께서는 법을 설해 마치시고 대중들을 둘러보시며 "나는 오늘 밤 무여열반에 들 것이다." 라고 말씀하셨습니다. 그 때 대중속에 있

는 덕장보살을 불러 수기를 주셨습니다.

"덕장보살은 다음 생에 도를 이루어 부처가 될 것이다. 이름은 정신이라 할 것이다."

부처님은 수기를 주신 후에 무여열반에 드셨습니다.

【1-13】부처님께서 열반에 드신 후 대중 속에 있던 묘광보살은 팔백 명의 제자를 거느리고 이 묘법연화경을 팔십 소겁 동안 중생들을 위하여 연설하였습니다. 일월등명부처님의 여덟 왕자들은 묘광보살을 스승으로 모시고 백천만억 부처님께 공양하고, 열심히 수행 정진 하여 차례로 성불을 하였는데 최후에 성불한 이의 이름이 연등이었습니다.

묘광보살의 제자 중 구명이라는 수행자가 있었는데, 구명은 세간의 명리에 탐착하여 이 경전을 아무리 독송해도 금방 잊어버리고 뜻을 알지 못했습니다. 구명보살은 그 후에 수 많은 부처님께 공양 올리며 찬탄하며 선근을 심었습니다.

【1-14】 미륵보살이여!
구명보살이 바로 당신의 전생이었습니다.
지금 이 상서로움은 그 때와 다름이 없습니다. 부처님께서는 틀림없이 대승경을 설하실 것입니다. 이름은 묘법연화이며, 보살에게 맞는 가르침이며, 부처님께서 마음 속 깊이 간직했던 것입니다."

【1-15】 문수보살이 이 뜻을 거듭 펴려고 게송으로 말하였다.

① 지나간 한량 없는 겁 전에 일월등명 부처님이 계셨습니다.
② 부처님께서는 법을 설하여
③ 한량 없는 중생들과 보살들을 제도하여

④ 부처님의 지혜에 들게 하였습니다.

① 부처님이 출가하기 전 왕의 몸을 받았을 때 여덟 왕자를 두었는데
② 아버지의 출가를 보고 모두 따라 출가하여 범행을 닦았습니다.
③ 부처님께서 무량의경이라는 대승경전을 설하시니
④ 여덟 왕자는 이 경을 이해하고 해석하여 쉽게 대중들에게 설했습니다.

① 부처님께서는 이 경을 설하시고 법상 위에서 무량의처 삼매에 드시니
② 하늘이 만다라 꽃비를 내리고 하늘 북이 저절로 울렸습니다.
③ 하늘 사람 용 귀신들이 부처님께 공양 올리니
④ 부처님께서는 미간에 광명을 놓으시며

상서를 나타내셨습니다.

【1-16】① 그 광명으로 동방 일만팔천 세계를 비추니
② 어떤 세계는 유리빛 수정빛으로 장엄되었고
③ 하늘에서 지옥까지 나고 죽는 모습 눈앞에 펼쳐지며
④ 부처님께서는 대중들 가운데서 법을 설하시고 계셨습니다.

① 어떤 비구들은 산속에서 계행을 지키며 정진하고
② 어떤 보살들은 보시하고 참고 견디기도 하며
③ 어떤 보살들은 선정에 들어 몸과 마음이 움직이지 않으며
④ 성문 보살들이 수행하는 모습을 생생하게 보게 되었습니다.

【1-17】① 그 때 대중들이 일월등명 부처님께 '무슨 인연으로
② 이러한 일들이 일어나는 것입니까?' 하고 말씀드리니
③ 삼매에서 깨어나신 부처님께서 묘광보살을 찬탄하시며
④ '그대는 세상의 눈, 모든 생명 귀의하리니 법장을 받을 지니라.' 하셨습니다.

① 부처님께서 육십 소겁 동안
② 묘법연화경을 설하시고 열반에 드시면서
③ "너희들은 부지런히 정진하여라.
④ 불법 만나기가 쉽지 않으니." 하고 말씀하셨습니다.

【1-18】① 또 부처님께서는 열반에 드신 후 다음 세상을 위하여
② 덕장보살이 존재의 실상을 모두 통달하여

③ 공한 도리를 터득하였으므로
④ 다음 생에 정신 부처가 될 것이라는 수기를 주셨습니다.

① 섶이 다 해 불 꺼지듯 밤에 열반에 드시니
② 사리를 나누어 수 많은 탑을 세웠습니다.
③ 부처님 열반을 보고 수 많은 수행자는
④ 더욱 정진하여 위 없는 불도를 구하였습니다.

① 그 후 묘광보살이 일월등명 부처님의 여덟 왕자를 거느리고
② 이 묘법연화경을 팔십 소겁 동안 널리 설하였습니다.
③ 여덟 왕자는 차례로 성불하였고 마지막으로 성불한 왕자가
④ 연등불이며 한량 없는 중생을 제도하였습니다.

① 묘광보살에게는 게으르고 명예와 이익만을 탐하는
② 구명이라는 제자가 있었습니다.
③ 부귀영화를 구하여 양반 집에 태어나더니
④ 전생의 모든 인연 잊어버렸습니다.

① 그래도 부처님께 정성으로 공양 올리고
② 육바라밀 가르침 따라 행한 공덕으로
③ 석가모니 부처님을 뵙게 되었고
④ 다음 생에 미륵부처가 될 것이라는 수기를 받았습니다.

【1-19】① 과거 생에 묘광보살은 나의 전신이었고
② 게으른 구명은 미륵보살의 전신이었습니다.
③ 이제 이러한 상서로움이 있으니
④ 석가모니 부처님께서 묘법연화경을 설하실 것입니다.

① 시방세계에 있는 모든 대중이여!
② 일심으로 합장하고 부처님을 찬탄하소서.
③ 부처님의 감로 법이 구도자들의 모든 의심을 끊게 할 것이며
④ 부처님의 은혜로운 법비가 우주를 적실 것입니다.

제 2 방편품

제 2 방편품

【2-1】그 때 부처님께서 조용히 삼매에서 깨어나 사리불에게 말씀하셨다.

"모든 부처님의 지혜는 매우 깊고 한량이 없다. 그 지혜의 문을 이해하기도 어렵고 들어가기는 더욱 어렵다. 성문이나 벽지불은 도저히 알 수가 없다. 왜냐하면 부처님의 마음을 이해하려고 하면 수천만억 부처님 전에 공양을 올려 복덕을 쌓고, 수십억 생을 용맹정진하여 지혜를 성숙시켜야만 가능한 것이기 때문이다.

나는 성불하여 지금까지 여러 가지 인연과 수 많은 비유로 널리 가르침을 폈고 무수한 방편으로 중생들을 제도하여 모두 집착을 떠나 바른 수행자의 길을 걷게 하였다.

【2-2】사리불이여,

존재의 본질과 생명의 본질을 꿰뚫어 깨달음을 성취한 여래의 지견은 넓고 깊어 상상하기 조차 어렵다. 여래는 사무량심, 사무애, 십력, 두려움 없음, 선정, 해탈, 삼매와 같은 성취하기 어려운 법을 모두 성취하였다.

사리불아, 여래는 여러 가지로 분별하여 모든 법을 교묘하게 설하여 중생들의 마음을 기쁘게 한다. 구체적으로 말하자면 여래는 모든 법의 모양, 성품, 본체, 힘, 작용, 원인, 인연, 결과, 회향, 근본의 처음과 끝 모두를 알고 있다."

【2-3】 부처님께서 이 뜻을 거듭 펴시려고 게송으로 말씀하셨다.

① 하늘이나 인간들과 모든 중생은
② 부처님을 제대로 이해하는 자 아무도 없으며

③ 신통력과 두려움 없음과 해탈과 삼매
④ 부처님의 신통력 아무도 헤아리지 못할 것이다.

① 수 많은 부처님 따라 온갖 도를 닦았지만
② 심오하고 미묘한 법 알기 어렵네.
③ 수 억겁 오랜 세월 닦고 또 닦아
④ 도량에서 이룩한 과보 모두 알았네.

① 이와 같은 과보의 성품과 모양과 뜻을
② 진실로 깨친 자 부처만이 능히 알 수 있을 뿐
③ 볼 수 없고 말로도 할 수 없는 미묘한 법
④ 미혹한 중생들의 근기로는 알 수 없구나.

① 사리불처럼 번뇌 다 하여 최후의 몸 받아 태어난 자도
② 벽지불처럼 지혜로운 자나

③ 처음으로 보살된 자나 불퇴전의 지위에 오른 보살
까지도
④ 부처님의 끝없고 심오한 지혜는 알 수 없도다.

① 사리불이여! 도저히 생각할 수 없는 미묘한 이 법
② 내 이제 구족하게 얻었으므로
③ 나만이 법의 실상 알았으며
④ 시방의 모든 부처 또한 그러하니라.

【2-4】① 사리불아, 시방의 모든 부처 한결 같으니
② 부처가 설한 법 듣고 큰 믿음 내어라.
③ 성문과 연각에 집착하는 중생들에게
④ 부처는 방편으로 삼승을 설하시네.

【2-5】이 때에 대중 가운데 성문으로서 번뇌가 없어
진 아야교진여등 일천이백 명과 처음 불법에 귀의한

많은 대중들은 다음과 같이 생각하였다.

"왜 부처님께서는 깨달음을 성취한 자의 지혜는 깊고 한량이 없어 성문이나 벽지불은 그 문으로 들어가기가 어렵다고 하시는 것일까?"

사리불이 대중들의 의심을 알아차리고 부처님께 여쭈었다.

"부처님이시여,

왜 부처님께서는 깨달음을 성취한 자의 지혜는 깊고 한량이 없어 성문이나 벽지불은 이해하기가 어렵다고 하십니까? 제가 부처님을 모시고 수행한지 오래 되었지만 한 번도 그렇게 말씀하신 적이 없었습니다. 지금 많은 대중은 부처님이 말씀하신 깊은 뜻을 이해하지 못하고 있으니 어리석은 저희들을 위하여 자세히 말씀해주시면 고맙겠습니다."

【2-6】 사리불이 이 뜻을 거듭 펴려고 게송으로 말하

였다.

① 열반을 얻었다고 착각하는 성문들이나
② 번뇌가 다 하였다고 자만하는 아라한들과
③ 하늘 사람 용과 귀신 시방세계 모든 대중이
④ 의심만 하고 모르니 미묘한 법을 설해 주소서.

① 지혜와 복덕 구족하신 부처님이시여
② 두려움 없는 선정 삼매 해탈 모든 법 통달하셨네.
③ 이제 저희들도 깨달음에 대한 새 각오를 서원하였습니다.
④ 부디 자비로운 마음으로 최상승법 설해 주소서.

그러자 부처님께서 사리불에게 말씀하셨다.
"사리불아, 너희들보다 내가 더 안타깝구나. 그만 두자. 그만 두자. 아무리 진리를 말해도 이해하는 사람이 없구나. 세상의 모든 사람과 하늘 사람들도 모두 놀라기만 하고 의심하고 믿지 않을 것이다."
사리불이 물러서지 않고 간절한 마음으로 다시 간청하였다.
"부처님이시여,
원컨대 저희들을 위하여 자비를 베풀어 주십시오. 저희들이 비록 부처를 이루지는 못하였지만 그래도 부처님을 믿고 따르고 평생 수행정진 하고 있습니다. 아무리 엄청난 말씀이라도 의심함이 없이 믿고 따르겠습니다."

[2-7] 부처님께서는 고개를 가로 저으시면서 사리불에게 '그만 두어라'하면서 말씀하셨다.
"만일 이 일을 말한다면 하늘에서 지옥까지 육도 중생 모두가 놀라고 의심하고 믿지 않으며 잘난체 하는 비구와 비구니들은 지옥의 구렁텅이에 떨어질 것이다."

그래도 사리불은 거듭 부처님께 법을 청하였다.
① 인간 중에 더 없이 존귀한 분이시여
② 위 없는 부처님 미묘한 진리의 비를 저희들에게 뿌려 주소서.
③ 여기 모인 대중들을 대표하여 다시 청하옵니다.
④ 모든 대중은 즐거운 마음으로 믿고 따르겠습니다.

① 지난 세상 부처님도 저희들과 같은 중생을 제도하셨습니다.
② 모두 일심으로 합장하여 법음을 기다립니다.
③ 바라오니 대승법을 설하여서 감로 비를 뿌려 주소서.
④ 모든 대중이 크게 기뻐하여 즐거워 할 것입니다.

【2-8】 그렇게 간청 하여도 부처님의 태도는 변함이 없었다. 사리불도 태도를 조금도 누그려뜨리지 않고 부처님의 대승법문을 어떻게 하든지 꼭 들어야 되겠

다는 일념으로 세 번이나 간청하였다. 그러는 사이에 어떤 무리들은 기다리지 못하고 부처님을 비방하면서 집으로 돌아가버렸다. 떠날 사람들은 떠나고 부처님의 말씀을 듣고자 기다리는 사람들은 더욱 간절한 마음이 되었다. 조금 후 법회 분위기가 다시 평온을 되찾자 부처님께서 말씀하셨다.

"지금 내가 말하려고 하는 이 미묘한 법문은 부처나 여래라도 시절 인연이 되어야 하는 것이다. 삼천 년에 한 번 피는 우담발라와 같이 때가 되어야 피는 것처럼 이 법문도 때가 되어야 설하는 것이다.

사리불이여, 너희들은 나의 말을 믿으라.

【2-9】 부처님들이 깨달은 바 진리 자체를 말할 때는 이해하기가 어렵다. 그래서 내가 지금 여러 가지 방편과 인연과 비유로써 설명할테니 잘 듣고 이해하도록 하여라. 분별심으로 이 법을 이해하려고 한다면 더 큰

혼란과 의심만 가득할 것이다. 결국 진리는 진리를 깨친 자만이 이해할 수 있다.

사리불이여,

부처님은 오직 일대사 인연으로 이 세상에 나타나는 것이다.

사리불이여,

그러면 무엇을 부처님이 이 세상에 나타나시는 일대사 인연이라 하는가?

부처님은 중생들로 하여금 깨달음을 성취하여 부처의 지견을 열어 청정하게 하기 위하여 세상에 나타나며, 중생들로 하여금 깨달음을 성취하여 부처의 지견을 깨닫게 하기 위하여 이 세상에 나타난다.

【2-10】 사리불이여,

부처님께서는 이러한 일대사 인연으로 세상에 나타나시는 것이다.

부처님께서는 오직 보살만을 교화하여 깨달음의 세계에 나아가게 하시며, 이러한 사실을 중생들에게 보여 중생들로 하여금 진실을 깨닫게 한다.

사리불이여, 여래는 다만 일불승(부처, 최상의 깨달음)으로서 중생들에게 법을 말하는 것이며, 이승이나 삼승(성문승, 연각승, 보살승)의 다른 법이 없음을 보여준다.

사리불이여, 과거의 여러 부처님들이 여러 가지 방편과 인연과 비유로써 중생들을 위하여 모든 법을 설하였으니 이 법은 모두 일불승이므로 모든 중생이 부처님의 법을 듣고는 깨달음을 성취하여 지혜를 얻었다.

사리불이여, 미래의 여러 부처님들도 여러 가지 방편과 인연과 비유로써 중생들을 위하여 모든 법을 설할 것이며, 이 법은 모두 일불승이므로 모든 중생이 부처님의 법을 듣고는 깨달음을 성취하여 지혜를 얻을 것이다.

사리불이여, 현재 시방 세계의 한량 없는 백천만억 국토에 계시는 부처님께서는 모든 중생을 이익되게 하고 편안하게 하신다. 이 부처님들도 여러 가지 방편과 인연과 비유로써 중생들을 위하여 모든 법을 설하며 이 법은 모두 일불승이므로 모든 중생이 부처님의 법을 듣고는 깨달음을 성취하여 지혜를 얻는다.

사리불이여, 모든 부처님은 오직 보살만을 교화하시니, 이것이 부처님의 지견을 중생들에게 보이는 이유이며, 부처님 지견으로 중생들을 깨닫게 하는 이유이며, 중생들로 하여금 부처님의 지견에 들어가게 하는 이유이다.

【2-11】 사리불이여,
지금 나도 그와 같아서 중생들이 여러 가지 욕망에 집착함을 알고 욕망을 벗어나 본 성품을 따르도록 여러 가지 인연과 비유와 방편으로써 법을 설한다. 이렇게

하는 것이 모두 일불승과 깊은 지혜를 얻게 하려는 것이다.

사리불이여, 이와 같으므로 시방 세계에는 이승도 없는데 어찌 삼승이 있겠느냐?

사리불이여, 부처님께서는 다섯 가지 탁한 나쁜 세상에 출현하여 중생을 제도하신다. 시대가 혼탁한 나쁜 세상, 번뇌가 왕성한 탁한 세상, 모자라는 사람들이 득세하는 탁한 세상, 잘못된 사상들이 활개치는 탁한 세상, 생명을 가볍게 여기는 탁한 세상을 가르킨다. 이러한 탁한 나쁜 세상에서는 부처님께서 방편으로 일불승 대신 삼승을 설하기도 한다.

【2-12】 사리불이여, 아라한이나 벽지불을 말하는 것은 탁한 세상의 방편일 뿐이지, 부처가 궁극적으로 말하려고 하는 진리가 아니라는 것을 알아야 한다. 그러므로 우리가 추구하는 궁극적인 목표는 최상의 깨달

음인 부처임을 깊이 인식하지 않으면 안된다. 특히 아라한과 벽지불이 가장 조심해야 할 문제이다.

아라한들은 이렇게 생각하기 쉽다. '내가 아라한과를 증득하여 최후의 몸이 되었으니 마침내 열반에 이르리라.'고 생각하여 최상의 깨달음을 추구하여 부처가 되려고 하지 않는다면 더 이상 삶은 성숙되지 않으며 수행자로서 생명이 다한 것임을 명심해야 한다. 수행자의 최종 목표는 부처이며, 부처를 이룰 때까지 수행정진은 계속되어야 하는 것이다.

사리불이여, 그대들은 한점의 의심도 없이 이 말을 믿고 이해하고 받아 지녀라. 어떤 세상에서도 우리가 진정으로 추구해야할 것은 부처뿐이다. 알겠느냐?"

【2-13】 부처님께서 이 뜻을 거듭 펴시려고 게송으로 말씀하셨다.

① 오만한 비구와 비구니 교만한 우바새
② 믿음이 없는 우바이 오천 명 복이 없는 그들
③ 무리 속에 끼어 있다가 부처님 법 못 듣고 돌아갔구나.
④ 인연 없는 중생들 부처님 법 듣기는 더욱 어렵네.

① 사리불아, 부처님은 중생들이 갖고 있는
② 욕망과 성품 전생에 행한 행위에 따라
③ 비유와 방편으로 한량 없는 중생들을 위하여
④ 법을 설하여 그들을 기쁘게 하신다.

【2-14】① 세상의 부귀영화에 얽매여 생사를 탐착하는
② 우둔한 근기를 위하여 열반을 설하며
③ 마음이 깨끗하고 지혜로운 수행자에게는
④ 대승법을 설하여 성불 수기를 주신다.

【2-15】① 수행자의 마음 깨끗하고 총명하여
② 부처님 계신 곳에서 한량 없는 불도를 행하면
③ 인연이 성숙하여 대승법을 듣게 되며
④ 다음 세상에 성불하여 부처 이루리라.

① 성문이나 연각이나 보살로서
② 이 법문의 한 게송이라도 들으면 부처 이루리.
③ 진정한 깨달음엔 부처만 있고
④ 이승도 삼승도 중생을 제도하는 방편일 뿐이다.

① 모든 생명에게 깨달음을 알리려고
② 부처님은 출현하였고
③ 이것만이 진실이며
④ 그 외 다른 모든 것은 거짓임을 명심하라.

【2-16】① 부처가 만일 소승법으로 중생을 제도한다면

② 그는 이미 부처가 아니다.
③ 부처는 오로지 선정과 지혜로 중생을 제도하며
④ 평등한 대승으로 중생을 인도한다.

① 부처는 모든 악을 끊었으므로
② 두려움이 없으며 모습은 저절로 삼십이 상 길상이 되며
③ 옛날 수행자 시절에 서원하기를
④ 모든 중생 깨달음에 들게 하리라 맹세하였다.

[2-17] ① 중생들은 그대로 내버려 두면
② 바른 성품 알지 못하고 오욕에 집착하여
③ 탐욕으로 말미암아 삼악도에 떨어져서
④ 육도를 윤회하며 온갖 괴로움 겪는다.

① 태어나는 세상마다 복이 없으며

② 있음과 없음 등의 사견에 꽉 차 잘못된 법에 집착하여
③ 진실되지 못하며 이러한 중생들
④ 천만 겁이 지나도록 제도하기 어려워라.

① 그러므로 사리불아, 괴로움이 없는
② 열반을 설했지만 참 열반이 아니며
③ 모든 법은 본래부터 적멸한 모양
④ 이 도리 바로 알면 다음 생엔 기필코 성불하리라.

① 부처는 방편으로 삼승을 설하지만
② 나와 모든 부처의 진실한 법은 오직 일승뿐이다.
③ 대중들이여, 의심하지 말라.
④ 시방의 모든 부처 진정으로 깨달음만 가르치신다.

【2-18】① 중생들의 마음을 바로 살펴서

② 방편으로 깨달음에 들게 하시니
③ 무수한 부처님들 모두 일승법을 설하시며
④ 무량 중생 교화하여 불도에 들게 하였다.

① 보시 지계 인욕으로 복 닦은 중생
② 정진 선정 지혜로 덕 닦은 중생 모두 성불하였다.
③ 부처님 열반하신 뒤
④ 성품이 깨끗하고 착한 중생들 모두 성불하였다.

① 부처님 열반하신 뒤 탑을 세워 찬탄한 중생들이나
② 진주 보배로 장엄한 중생들이나
③ 심지어 장난으로 모래 탑을 쌓은 중생도
④ 불법의 지중한 인연으로 모두 성불하였다.

【2-19】 ① 등신불을 만든 이나 철, 나무, 흙으로 부처님 상을 만든 이나

② 탱화를 조성한 이나 원만한 부처 상을 그린 이나
③ 다른 사람에게 그리게 한 이나 장난으로 부처님을 그린 이도
④ 불법의 지중한 인연으로 모두 성불하였다.

(2-20) ① 북이나 소라등 소리로써 공양한 이
② 환희에 넘치는 마음으로 부처님을 노래한 이
③ 한송이 꽃이라도 부처님 전에 공양한 이
④ 불법의 지중한 인연으로 모두 성불하였다.

① 생각없이 부처님 전에 공양 한 번 올린 인연으로
② 합장하여 절 한 번 한 인연으로
③ 산란한 마음으로 '나무불' 염불 한 번 한 인연으로
④ 불법의 지중한 인연 맺어 결국에는 모두 성불하였다.

【2-21】① 부처님의 모든 법문 오직 일승 깨달음 뿐

② 중생들을 위하여 이 법을 설함이며
③ 다만 중생들의 업과 근기에 따라
④ 그에 맞는 인연과 비유로써 방편을 설할 뿐이다.

① 법에는 성품이 없고 부처의 씨앗은 연기하며
② 세상의 모든 것은 있는 그대로 이네.
③ 과거 현재 미래의 모든 부처님도
④ 방편으로 성문 연각 보살의 삼승법을 설하셨다.

① 깨달음의 씨앗은 인연으로 일어나는 것.
② 중생들의 전생에 익힌 업과 근기에 따라 방편을 설할 뿐
③ 한량 없는 방편을 고요한 마음으로 관조해 보면
④ 불법은 모두 일불승으로 돌아가는 것이다.

【2-22】① 탐 진 치에 휩싸여 앞 못보는 중생 위해

② 방편으로 법 설하여 모두를 기쁘게 하네.
③ 보시하는 마음 없어 전생에도 이생에도 지혜와 복덕이 없으며
④ 다음 생에도 인간으로 지옥으로 육도를 윤회하네.

① 탐욕과 애욕에 빠져 있는 저 중생들
② 모자라고 어리석어 눈 앞 쾌락에 집착하네.
③ 이러한 중생들을 위하여 서원하기를
④ 반드시 깨달음에 들게 하리라 대비심을 내었네.

【2-23】① 범천왕 제석천왕 사천왕 그들의 권속들
② 대자재천과 모든 하늘 백천만 권속들이
③ 공경하고 합장하며 간청하기를
④ 법 바퀴 굴리기를 청하고 또 청했네.

① 중생들의 근기를 살펴보고 생각하니

② 대승법을 설하면 믿을 중생 별로 없네.
③ 지난 세상 부처처럼 방편을 생각하여
④ 삼승법을 설하기로 마음속에 결심했네.

① 지난 세상 부처님들 설한 대로 나도 따라 행하리라.
② 결심하고는 오비구 있는 바라나로 길 떠났네.
③ 법의 적멸한 모양 말로 할 수 없지마는
④ 고집멸도 사제법을 오비구에게 설했노라.

【2-24】① 부처님께서는 수억 겁 동안 방편으로 열반을 찬탄하며
② 생사의 고통이 없는 법을 설하셨네.
③ 여래가 출현하심은 대승법을 설하기 위함이며
④ 사리불이여, 지금이 바로 그 때이다.

① 사리불아, 마땅히 알라.

② 우둔하고 교만한 사람들은 믿지를 않는구나.
③ 보살들 가운데 깨달음에 가까운 자를 위하여
④ 방편을 뛰어넘어 위 없는 도를 설하리라.

① 머나먼 옛날부터 부처님 방편으로
② 열반을 설했지만 진정으로 설하고 싶은 것은 깨달음 뿐이라네.
③ 이제 보살들과 아라한들을 위하여
④ 대승법을 설하리니 모두 성불할 것이다.

【2-25】① 부처님 출현함은 만나기 어려우며
② 대승법 설하심 듣는 것도 또한 어려우며
③ 이 법 얻어듣기는 우담발라 피는 것만큼 귀하며
④ 능히 알아듣는 사람 정말로 없구나.

① 대승법 얻어 듣고 찬탄하는 것은

② 삼 세 부처님께 공양한 것과 같으며
③ 의심하지 말고 진정으로 믿으라.
④ 성문 연각은 방편일 뿐 오직 일불승이 있을 뿐이네.

[2-26] ① 사리불이여! 성문과 보살들이여
② 이 묘법이 모든 부처의 비밀한 법장임을 명심하라.
③ 욕망만 난무하는 오탁악세에서
④ 중생들은 불도를 구하려 하지 않을 것이다.

① 일승법을 듣고 믿지 않고 비방하는 중생들은
② 지옥 아귀 축생의 악도에 떨어질 것이며
③ 열심히 정진한 청정한 수행자에게는
④ 일승법을 설하여 깨달음에 들게 하리라.

① 사리불이여, 명심하라.
② 세월이 아무리 흐르고 세상이 아무리 바뀌어도

③ 공부하지 않는 중생은 법을 알지 못할 것이며
④ 너 자신이 스스로 부처임을 명심하라.

① 사리불이여, 또 명심하여라.
② 모든 부처님의 법문 이와 같으니
③ 천만억의 방편으로 중생을 교화하려고
④ 수시로 설법을 하시는구나.

제 3 비유품

제 3 비유품

【3-1】이 때 사리불이 뛸 듯이 기뻐하며 일어나 합장하고 부처님의 얼굴을 우러러 보면서 말씀드렸다.
"부처님이시여!
이렇게 감동스러운 법문은 들은 적이 없었으며, 엄청난 마음의 변화가 생겼습니다. 그 까닭은 이렇습니다. 부처님의 법문 중에 보살에게는 '다음 생에 성불할 것이다'라고 수기를 주시는 것을 보고 저희들은 그 일에 참여하지도 못하고 부처님의 한량 없는 지견까지 잃었음을 슬퍼하였습니다.
부처님이시여,
저는 항상 깊은 숲에서 혼자 참선에만 열중하였습니다. 또 생각에 잠겨 걸을 때도 다음과 같이 생각하였습니다. '누구나 다 법의 성품은 같은데 여래께서는 무엇 때문에 보살들에게는 대승법을 설하시고 우리들

에게는 소승법을 설하시는가?'

이것은 저희들의 허물이지 부처님의 탓이 아님을 알고 있습니다. 저희들이 최상의 깨달음을 성취하겠다는 오직 한 마음만 내었더라면 부처님께서 대승법으로 저희들을 제도하였을 것인데, 방편으로 말씀하신 아라한과가 진정한 성취의 목표인 줄 믿었기 때문입니다.

저의 잘못된 생각을 깊이 참회하였더니, 부처님께서 은혜를 베푸시어 저희 수행자들을 위하여 최상의 깨달음에 대한 법문을 설하여 주셨습니다. 이제 모든 의혹과 뉘우침을 끊고 몸과 마음이 태연하여 편안함을 얻었습니다.

오늘에야 비로소 부처님의 아들임을 알았습니다. 저희들의 본래 모습은 부처님의 입으로부터 나왔으며, 법으로부터 태어난 것임을 철저히 알았습니다."

【3-2】① 사리불이 말하기를 내 이제 전에 없던 법문을 듣고
② 모든 의심 눈 녹듯이 없어졌으며
③ 수 억겁을 내려오며 부처님의 가르침 따라 수행을 하여
④ 번뇌가 다 하고 모든 근심 걱정 없어졌습니다.

① 산 속에서나 나무 아래서나 이 일을 생각하면
② 내가 왜 삼승 법에 속았던가 하고 책망하면서
③ 부처님의 위 없는 바른 법 들었지만
④ 오는 세상에서 위 없는 바른 법을 말하지 못하였습니다.

① 서른두 가지 뛰어난 상호와 팔십 가지 잘 생긴 몸매와
② 열 가지 힘과 여러 해탈 열여덟 가지 함께 하지 않

는 법
③ 저의 교만 때문에 이러한 공덕들을 모두 잃었는데
④ 이제야 대승법 듣고 진정으로 해야 할 것이 무엇인지 알았습니다.

【3-3】① 제가 사견에 빠져 범지의 스승이 되었더니
② 부처님께서 열반을 말씀하시어 법의 공한 모습을 증득하였고
③ 부처님께서 대중 앞에서 저에서 성불 수기를 주시니
④ 이 말씀 듣고서야 모든 의심 눈 녹듯 없어졌습니다.

【3-4】① 부처님 말씀 듣고 의심과 놀람 뿐이었는데
② 부처님께서 갖가지 인연과 비유와 방편으로 말씀하시니
③ 이 마음 바다같이 편안해졌습니다.
④ 이제는 의심의 그물 찢어지고 믿음뿐입니다.

① 과거 현재 미래의 한량 없이 많은 부처님
② 모두 방편으로 이러한 법문 말씀하시네.
③ 나는 이제 부처 이루어 하늘 인간의 존경을 받으며
④ 위 없는 법륜을 굴리어 여러 보살을 교화하겠습니다.

【3-5】 이때 부처님께서 사리불에게 말씀하셨다.
"내가 옛날에 이만억 부처님의 처소에서도 위 없는 도를 성취하도록 너희들을 교화하였다. 너희들은 무명 속에 헤매면서도 나의 가르침을 따르려고 노력하였다. 너희들의 진리에 대한 애정이 가상하여 방편으로 인도하여 법 가운데 나게 하였다.
사리불이여,
내가 너희들을 가르칠 때 처음부터 불도를 이루기를 원하였지만, 너희들은 모두 최상의 깨달음을 잊어버리고 스스로 생각하기를 이미 열반을 얻었다고 착각하였다. 그러므로 이제 다시 너희 성문들로 하여금 최상의 깨달음에 마음을 내도록 대승법을 설하니, 이름이 묘법연화경이다.
이 법은 보살을 교화하는 법이며 부처님께서 마음 깊이 간직하고 있는 것이다.
사리불이여,
그대는 수억 겁을 지나면서 수천만억 부처님께 공양 올리고 바른 법을 받아 지니며 보살도를 구족하여 마침내 성불할 것이니 이름은 화광여래라 할 것이다. 수억 겁이 지나 그대가 성불할 나라 이름은 이구인데, 그 땅은 평평하고 청정하며, 안락하고 풍족하여 하늘 사람과 성숙된 인간들이 번영할 것이다. 또 유리와 같이 맑고 투명한 땅에는 황금과 칠보가 가득하고, 길거리에는 아름다운 꽃들이 만발해 있을 것이다. 그대 화광여래는 그 곳에서 역시 삼승법으로 중생을 교화할 것이다.
사리불이여, 그대가 성불할 그 때가 나쁜 세상은 아니

지만 그대의 원래 서원대로 삼승법으로 중생을 교화할 것이다. 그 나라에서는 수행하는 보살을 최고의 보배로 여기기 때문에 겁의 이름을 대보장엄이라 한다.

[3-6] 그러므로 그 나라에는 보살이 한량 없이 많으며, 능력 또한 불가사의하여 부처님의 지혜가 아니고는 알 수가 없다. 보살들의 걸음걸음마다 보배, 연꽃이 피어나 보살 세계를 거룩하고 아름답게 장엄할 것이다.
그 보살들은 이생에서 처음 발심한 것이 아니라 오래 전부터 공덕의 근본을 심었으며, 한량 없는 백천만억 부처님 처소에서 범행을 닦았다. 또한 그 보살들의 능력은 부처님의 지혜를 닦아 큰 신통을 갖추었으며, 세상의 모든 이치를 통달하였고, 질박하고 정직하여 부처님의 칭찬을 받았다.
사리불이여,

화광여래의 수명은 십이 소겁이니, 성불하기 전 왕자의 몸으로 있었던 기간은 제외한 것이며, 그 나라 백성들의 수명은 팔 소겁이다. 화광여래가 십이 소겁을 지낸 후 견만보살에게 최상의 깨달음에 대한 수기를 주면서 여러 수행자에게 말하기를 "이 견만보살이 다음 세상에 부처가 될 것이며, 이름은 화족안행이며, 그 나라의 이름은 지금과 같다."
사리불이여,
이 화광여래가 열반한 뒤 정법이 세상에 머무는 기간은 삼십이 소겁, 상법이 머무는 기간도 삼십이 소겁이 될 것이다.

【3-7】 부처님께서 이 뜻을 거듭 펴시려고 게송으로 말씀하셨다.
① 대중들이여, 잘 들어라. 사리불이 오는 세상에
② 화광 여래라는 부처 되어 수 많은 중생을 제도할

것이네.
③ 한량 없는 세월 흘러 대보장엄 겁에 이구 세계에서 성불하리니
④ 세상은 깨끗하고 땅은 투명하며 칠보로 된 가로수가 가득하리라.

① 보살들은 뜻이 견고하고 신통과 지혜 고루 갖추었고
② 그대는 왕자의 몸으로 출가하여 부귀영화 덧없음을 몸소 보이네.
③ 화광여래의 수명은 십이 소겁이며 부처님 열반한 뒤 삼십이 소겁 동안 정법이 머무르며
④ 상법도 삼십이 소겁 동안 머물러 중생을 제도하네.

[3-8] 그 때 남자 수행자, 여자 수행자, 남자 재가 수행자, 여자 재가 수행자, 하늘 사람, 용, 야차, 건달바 (제석천왕의 음악을 맡은 신, 8부중의 하나), 아수라

(싸우기를 좋아하는 귀신), 가루라(용을 잡아먹는 다는 조류의 왕, 8부중의 하나), 긴나라(사람인지 짐승인지 새인지 알 수 없는 노래하고 춤추는 괴물, 8부중의 하나), 마후라가(몸은 사람이고 머리는 뱀의 형상을 하고 있음, 8부중의 하나) 등은 사리불이 부처님으로부터 최상의 깨달음을 이룰 것이라는 수기를 받는 것을 보고 기뻐 어쩔 줄 몰라 하면서 자기 몸에 걸쳤던 옷을 벗어 부처님께 공양 올리고, 제석천왕, 범천왕들도 수 많은 하늘 사람들과 함께 묘한 하늘 나라의 옷과 하늘 나라 꽃과 만다라 꽃으로 공양을 올렸다.
하늘에서는 꽃비를 내려 축복하면서 다음과 같이 속삭였다.
"부처님께서 옛적에 바라나 사슴동산에서 처음 법륜을 굴리시더니, 이제 또 큰 법륜을 굴리시네."

【3-9】 하늘 사람들은 이 뜻을 거듭 펴려고 게송으로

말했다.

① 부처님께서 옛적에 바라나에서 사성제법을 설하시며
② 모든 법의 근원을 설하시어
③ 다섯 가지 쌓임의 생멸함을 말씀하시더니
④ 이제 다시 위 없는 큰 법륜을 굴리십니다.

① 부처님께서 이렇게 깊고 묘한 법 처음으로 설하시며
② 사리불에게 성불의 수기를 주셨습니다.
③ 저희들에게 오늘 같이 기쁜 날은 처음입니다.
④ 부지런히 정진하여 기필코 깨달음을 이루겠습니다.

[3-10] 이 때 사리불이 부처님께 말씀드렸다.
"부처님이시여,
이제는 성불에 대한 의심이 없으며, 부처님께 최상의
깨달음에 대한 수기를 받았습니다. 그러나 저와 함께

수행하던 일천이백 수행자들은 부처님께서 말씀하신 '내 법은 나고 늙고 병들고 죽는 일을 떠나서 반드시 열반을 얻는다.' 라고 알고 있었습니다. 이에 저희 수행자들은 모두 '나' 라는 소견과 '있다', '없다'하는 소견을 떠나 열반을 얻었다고 생각했습니다.

그런데, 지금 부처님으로부터 일찍이 듣지 못했던 말씀을 듣고 의혹에 빠졌습니다.

거룩하신 부처님이시여,

원하옵건데 미혹한 저희들을 위하여 그 인연을 말씀하시어 의혹에서 벗어나게 해 주시면 감사하겠습니다."

"사리불이여,

내가 이미 말한 것과 같이, 갖가지 인연과 비유와 문장을 가지고 방편으로 법을 설하는 것은 모두 최상의 깨달음을 위한 것이며, 보살들을 교화하기 위한 것이다. 비유를 들어서 이 이치를 밝힐 것이며, 지혜 있는 이들은 이해할 수 있을 것이다.

사리불이여,
(제 1 화택의 비유)
어떤 마을에 한 장자가 있었는데, 그는 비록 늙었으나 재물이 한량 없이 많고, 전답과 가옥과 시종들이 많았으며, 오백 명이나 되는 식구들이 그 집에서 살고 있었다.

【3-11】 그 집은 매우 컸으나 문은 하나뿐이었고, 집과 누각은 오래되어 낡았으며, 담과 벽은 퇴락 하였으며, 기둥은 썩고 대들보는 기울어져 있었다. 어느 날 그 집에 불이 나서 모든 건물이 타 들어가고 있는데 집안에는 스무 명이나 되는 장자의 아들들이 있었다.
장자는 집이 불 타는 것을 보고 깜짝 놀라면서 이렇게 생각하였다.
'나는 불 타고 있는 집안에서 무사히 빠져 나왔지만 아들들은 불 타고 있는 집 안에서 장난치기만 좋아하고, 집이 불 타고 있는 것도 알지 못하며, 놀라지도 두려워하지도 않으며, 불길이 몸에 닿아 고통이 닥칠 것인데도 놀라거나 걱정하지도 않고 오히려 나오려는 생각도 하지 않는구나.'

사리불이여,

장자는 또 이렇게 생각하였다. '아직 내가 힘을 쓸 수 있으니까 옷 담는 함이나 책상 위에 아이들을 얹어 들고 나올까.' 그러나, 다시 생각하기를 '문은 하나뿐이고 좁기 때문에 오히려 철 없이 장난에만 정신이 팔려 있는 아이들을 안고 나오다가 떨어뜨리면 불에 탈 것이 아닌가. 대신에 불이 얼마나 무서운가를 말해 주고 지금 집이 불타고 있음을 빨리 알려주어서 집 밖으로 뛰어 나오라고 하자.' 하고 "집이 불 타고 있으니 밖으로 빨리 나오너라." 하고 말하였다.

아버지가 안타까운 마음으로 아무리 소리를 질러도 아이들은 장난만 좋아하고 믿으려 하지도 않으며, 놀라지도 않고 두려운 마음도 없고 집 밖으로 나가야겠다는 생각도 없었다. 더구나 불이 무엇인지 집이 무엇인지, 또 어떤 것이 타는지도 모르는체 소리를 지르고 있는 아버지를 흘끗 쳐다보고 계속 놀고 있을 뿐이었다.

[3-12] 이 때 장자는 또 이런 생각을 하였다. '이제 집은 완전히 불길에 휩싸여 버렸는데 아이들이 아직도 나오지 못하면 반드시 타 버릴 것이니, 내가 방편을 써서 아이들을 빨리 구해야겠다.' 아버지는 아들들이 장난감을 보면 좋아할 것이라 생각하고 아들들에게 이렇게 말했다. "너희들이 좋아하고 가지고 싶어하던 신기한 장난감이 여기 있으니 지금 당장 밖으로 나와서 가지고 가도록 하여라. 양이 끄는 수레, 사슴이 끄는 수레, 소가 끄는 수레가 지금 대문 밖에 있으니, 타고 놀기에 아주 좋을 것이다. 아이들아, 불 타는 집에서 빨리 나오너라. 그러면 원하는 것을 모두 주마."

이 때 아들들은 아버지가 말하는 장난감들이 마음에 들어 매우 기뻐하면서 서로 밀치고 앞을 다투어 불타는 집에서 뛰쳐나왔다.

이 때 장자는 아이들이 무사히 불 타는 집을 빠져 나와 한 곳에 모여 있는 것을 보고 무척 기뻐하였다. 아들들은 아버지에게 말하였다. "아버지, 먼저 주시겠다고 하시던 양이 끄는 수레, 사슴이 끄는 수레, 소가 끄는 수레를 주십시오."

【3-13】 사리불이여,

이 말을 들은 장자는 아들들에게 똑같이 큰(코끼리) 수레를 나누어 주었는데, 그 수레는 높고 크고 여러 가지 보배로 꾸미고 난간을 두르고 사면에 풍경이 달려 있었다. 또 수레 위에는 일산을 받치고 휘장을 쳤는데, 모두 귀중한 보배로 장식하였으며, 보배로 줄을 엮어 늘어뜨리고 꽃과 영락을 드리웠으며, 포근한 자리를 겹겹이 깔고 보라빛 긴 침을 놓았으며, 흰 소로 멍에를 매웠는데 통통하게 살이 쪘고 빛깔이 투명하고 깨끗하였고, 몸이 좋고 기운이 세어 걸음이 평탄하고 바람같이 빠르며, 또 여러 시종이 수레 뒤를 따랐다.

이러한 수레를 주면서 장자는 생각하였다. "나의 재물이 한량 없이 많은데 변변치 못한 작은 수레를 아이들에게 줄 수는 없다. 모두 내 아들이니, 그 중 한 명만을 사랑할 수도 없는 것이다.

내게는 칠보로 만든 큰 수레가 헤아릴 수 없을 만큼 많으니, 마땅히 평등한 마음으로 골고루 나누어 주어야 하며 차별이 있을 수 없다. 내가 가진 재물로 온 나라 사람들에게 모두 나누어 주더라도 모자라지 않을 것인데, 하물며 내 아들들에게 주는 것 쯤이야."

그리하여 모든 아이가 각각 큰 수레를 타고 전에 없는 즐거움을 얻었는데, 이것은 아이들이 본래 희망하던 것은 아니었다.

사리불이여,

너는 어떻게 생각하느냐? 장자가 여러 아들에게 훌륭한 큰 수레를 똑같이 준 것을 허망하다 하겠느냐?

"아닙니다. 부처님이시여,

장자의 아들들이 화재를 면하고 목숨만 보전하게 되었더라도 허망한 것이 아닙니다. 그 까닭을 말씀드리면 목숨만 보전한 것도 이미 훌륭한 장난감을 얻은 것보다 나은데 하물며 방편으로써 이 아이들을 불 타는 집에서 구제한 것은 말해 무엇하겠습니까?

부처님이시여,

만일 이 장자가 아이들에게 한 대의 작은 수레라도 주지 않았다 하여도 허망하다 할 수 없습니다. 아이들이 불 타는 집 밖으로 나온 것만으로도 허망함이 없는데, 하물며 장자가 자기의 재물이 한량 없음을 알고 아이들을 이롭게 하려고 똑같은 큰 수레를 나누어 준 것은 말해 무엇하겠습니까?"
"착하다. 착하다. 사리불이여, 너의 말과 같다."

【3-14】 사리불이여,
여래도 그와 같아서, 모든 세상의 아버지로서 온갖 공포와 쇠잔함과 시끄러움과 근심 걱정과 무명과 어두움이 영원히 소멸하여 남음이 없으며, 한량 없는 지견과 힘과 두려움 없음을 모두 성취하고, 큰 신통한 지혜의 힘이 있으며, 최상의 방편과 최고의 지혜와 대자대비를 모두 갖추어 모든 중생을 이롭게 하였다. 그리하여 여래는 삼계의 낡고 썩은 불 타는 집에 태어나서 중생들의 나고 늙고 병들고 죽고 근심하고 슬퍼하고 괴로워함과 어리석고 우매한 세 가지 독의 불에서 건져 그들을 교화하여 위 없는 최상의 깨달음을 얻게 하려는 것이다. 모든 중생은 생·로·병·사·우·비·고·뇌 등의 불 속에 타고 있으며, 또 다섯 가지 욕망

과 재물을 얻기 위하여 고통을 받으며, 또 탐착하고 끝없이 구하려 하므로 현세에서 온갖 고통을 받으며, 나중에는 지옥·축생·아귀의 괴로움을 받기도 하고, 어쩌다가 천상이나 인간 세상에 나더라도 빈궁하여 고생스럽게 살게 된다.

사리불이여,

여래는 이러한 모습을 보시고 이렇게 생각하였다. '내 분명 중생의 아버지이므로 그들이 받고 있는 고난을 제거하고, 끝없는 불 지혜의 즐거움을 주어 그들의 삶을 즐겁게 하겠다.'

[3-15] 사리불이여,

마치 장자가 자신의 몸에 큰 힘이 있지마는 아이들을 구하는데 힘을 쓰지 않고 은근하게 방편을 써서 아들들을 불타는 집에서 건져 낸 뒤에 훌륭하고 보배로운 큰 수레를 준 것과 같이, 여래도 그와 같아서 비록 힘이 있고 두려움이 없어도 그 힘을 쓰지 않고, 다만 지혜와 방편으로써 삼계라는 불 타는 집에서 중생을 제도하기 위하여 성문승·벽지불승·보살승의 삼승을 연설하면서 이렇게 말씀하셨다. "너희들은 이 삼계라는 불 타는 집에 있기를 좋아하지 말라. 변변치 않은 빛깔·소리·냄새·맛·닿음을 탐하지 말라. 만일 탐내어 집착하면 반드시 불 타게 된다. 너희들이 삼계에서 빨리 나오면, 마땅히 성문승·벽지불승·보살승을 얻을 것이다. 그러므로 너희들은 부지런히 정진하여라.

삼승의 법은 성인들이 칭찬하는 것으로써 자유자재하여 속박이 없고 의지하여 구할 것도 없으니, 이 삼승에 의하면 누설이 없는 오근·오력·칠각지·팔정도·선정·해탈·삼매 등을 스스로 즐기면서 한량 없는 편안함과 쾌락함을 얻게 될 것이다.

【3-16】 사리불이여,

어떤 중생이 안으로 지혜가 있어 부처님 법을 듣고 믿으며, 부지런히 정진하여 삼계에서 벗어나려고 스스로 열반을 구하면 성문승이라 하며, 저 아이들이 양이 끄는 수레를 가지려고 불 타고 있는 집에서 뛰쳐나옴과 같다. 어떤 중생이 자연의 지혜를 구하며 혼자 있기를 좋아하고, 모든 법의 인연을 깊이 알면 이를 벽지불승이라 하며, 저 아들들이 사슴에 멍에를 씌운 수레를 가지려고 불 타는 집에서 뛰쳐나옴과 같다.

어떤 중생이 한량 없는 중생을 가엾게 여겨 안락하게 하며, 하늘 사람과 사람들을 이롭게 하며, 모든 사람을 제도하면 이를 대승이라 하며, 대자대비한 마음으로 대승을 구하면 이를 보살승이라 하며, 저 아들들이 소에게 멍에를 씌운 수레를 가지려고 불 타는 집에서 뛰쳐나옴과 같다.

【3-17】 사리불이여,

마치 장자가 아이들이 불타는 집에서 무사히 빠져 나와 두려움 없는 곳에 이르렀음을 보고 자기의 재산이 한량이 없음을 생각하여 아들들에게 평등하게 큰 수레를 준 것과 같이, 여래도 그와 같다. 중생들의 아버지이신 여래는 중생들이 삼계의 고해에서 벗어나 진리의 문으로 들어와 무섭고 험한 길에서 열반을 얻었음을 보고는, 여래께서는 다음과 같이 생각하였다. '나는 한량 없는 지혜와 힘과 두려움 없음을 가졌으므로 이 중생들은 모두 나의 아들들이니 평등하게 대승을 줄 것이요, 한 사람이라도 혼자 열반을 얻게 하지는 않을 것이며, 모두가 여래의 열반을 얻게 할 것이다.'
사리불이여,

장자가 처음에는 세 가지 수레로 아들을 달래어 나오게 하고, 나중에 보물로 장엄하여 편안하고 제일가는 큰 수레를 주었다. 장자에게 허물이 없는 것과 같이 여래도 그와 같다. 처음에는 삼승으로 중생을 인도하고 나중에는 대승으로만 제도하여 해탈하게 한 것이다. 처음부터 중생들에게 대승법을 줄 수도 있지마는 저들이 능히 받아들이지 못함을 알고 이러한 인연으로 부처님께서 방편으로 삼승을 말하여 일불승으로 돌아가는 것이다."

【3-18】 부처님께서 이 뜻을 거듭 펴시려고 게송으로 말씀하셨다.

① 옛날에 한 장자가 큰 저택에 살고 있었는데
② 집은 낡고 오래 되어 기둥은 썩었고 대들보는 기울어졌고
③ 축대는 무너졌고 벽과 담은 허물어졌고 서까래는 드러났고
④ 더러운 것 가득한데 오백 명이 그 속에서 살고 있

었네.

① 올빼미 부엉이 독수리 까마귀 까치 뻐꾸기 뱀과 전갈 지네들
② 도마뱀 노리개 족제비 살쾡이 여러 가지 나쁜 벌레 가득하며
③ 여기저기 똥 오줌 구린 곳 여우와 이리들 날뛰면서
④ 시체를 물어 뜯어 뼈와 살이 널려있네.

【3-19】① 개들이 몰려와서 먹을 것을 찾느라고
② 으르렁 거리면서 싸우는 소리
③ 곳곳마다 도깨비와 허깨비, 야차들과 아귀들
④ 송장을 씹어먹고 잡아먹고 하는 소리.

① 목이 바늘 같이 가는 아귀 제멋대로 놀려대는 구반도 귀신이며

② 머리털이 헝클어진 흉악한 귀신이며
③ 싸우고 다투는 소리, 서로 잡아먹는다고 울부짖는 소리
④ 이와 같이 난장판이며 밤마다 무섭기가 한량이 없네.

【3-20】① 집주인 장자가 볼일 있어 집을 비운 사이
② 갑자기 불이 나서 사방에서 한꺼번에 불길이 타올라
③ 대들보와 기둥이며 서까래가 튀는 소리
④ 담과 벽이 무너지는 소리 여기가 바로 지옥이네.

① 불길에 놀라 부엉이 독수리 짐승들 울부짖는 소리
② 구반도 귀신들은 얼이 빠져 어쩔 줄 모르고
③ 비사사 귀신들은 불길에 쫓기면서도 서로를 잡아먹네.
④ 궂은 연기 곳곳마다 자욱하고 가득하며 불길은 하늘을 치솟네.

【3-21】① 장자 볼 일을 마치고 집에 돌아오니
② 불길은 아득한데 이웃사람 말하기를
③ 당신 네 아이들이 노는데 정신팔려
④ 불 난 것도 모르고 집안에서 놀고 있소.

① 장자가 애가 타서 큰 소리로 여러 번 불렀지만
② 이 일을 어쩔거나
③ 노는 데 정신팔려 나올 생각 전혀 없네.
④ 장차 이 일을 어찌할꼬.

① 불이 난 집안에는 구반도 귀신 비사사 귀신 가득하고
② 독사 전갈 여우 짐승들 이리저리 날뛰는구나.
③ 아버지 애가 타서 무섭고 다급한 이 환난을 설명해도
④ 아이들은 아무 것도 모르고 정신 없이 놀고 있네.

【3-22】① 아이들이 이러하니 장자 근심걱정 가득하네.

② 이리저리 궁리 끝에 좋은 방편을 생각하여 아이들에게 말하기를
③ 보배로 만든 진기한 수레, 양과 사슴과 소에 멍에를 씌운 수레
④ 대문 밖에 쌓였으니 빨리 나와 가져가라.

① 이 말을 들은 아이들 다투어 밀치면서
② 불 타는 집에서 뛰쳐나와 모든 환난 면하였네.
③ 밖으로 뛰쳐나와 거리에 모여있는 아이들을 보고
④ 이제는 모든 걱정 없어졌구나 하고 안심하는 장자여.

① 이 때 아이들 편안하게 앉아 있는 장자에게로 나아가서
② 조금 전에 하신 말씀 세 가지 좋은 수레
③ 저희들이 나오면 주겠다고 하셨는데
④ 지금이 그 때이니 나누어 주옵소서.

【3-23】① 장자는 재산 많아 창고마다 금 은 보화 가득하네.
② 여러 가지 보물로 큰 수레를 만들어서
③ 사면에는 풍경 달고 황금 줄로 엮었으며
④ 진주 그물 만들어서 수레 위에 덮었네.

① 이러한 수레들을 아이들에게 나눠 주니 기뻐하여
② 수레를 타고 사방으로 달리면서 거침없이 노는구나.
③ 사리불아, 나도 또한 그와 같아 세상의 아버지라
④ 중생들이 모두 나의 아들이며 삼계화택 속에서 그들을 구하네.

① 삼계는 불 타는 집과 같은 것
② 모든 고통 가득하여 무섭기 한이 없네.
③ 나고 죽고 병들고 늙는 여러 가지 근심 걱정
④ 탐 진 치의 불길들이 맹렬하게 타고 있네.

① 불 타는 삼계를 벗어나서 진리의 바다에 이르니
② 불 타는 삼계가 그대로 열반적정이네.
③ 오욕락에 집착하여 아무리 설명해도
④ 믿지도 않으며 따르지도 않는구나.

① 중생의 근기 따라 성문 연각 보살을 방편으로 말하는 것
② 사제법과 연기법을 부지런히 닦으면
③ 세 가지 밝음과 여섯 가지 신통을 얻게 되지만
④ 궁극은 일불승, 믿고 따라 수행하면 다음 생에 부처되리.

【3-24】① 천만 가지 신통력과 해탈이며 선정이며 지혜로
② 성문 대중 여러 보살 일불승 가르침인 깨달음에 들게 하며

③ 사리불아, 이러한 인연으로 시방세계 구하여도
④ 부처님의 방편을 제하고는 진실한 법 없느니라.

① 너희들이 오랜 겁동안 고통의 불에 타는 것을 내가 모두 제도하여
② 삼계에서 구해냈네. 너희들에게 열반했다 말한 것은
③ 생사를 다 했을 뿐 진실한 열반 아니니라.
④ 진정 너희들이 이룰 것은 부처 지혜뿐이니라.

【3-25】 ① 괴로움의 근본을 모르고 고통 받는 모든 중생
② 세상의 모든 것이 무상하고 덧없어 고임을 설하노라.
③ 괴로움의 원인이 집착임을 밝혀주고
④ 방편으로 인도하여 열반에 들게하네.

① 자신을 깊이 관조하여 여덟 가지 바른 실천으로

② 괴로운 현실이 극복된 멸의 진리에 이르게 되네.
③ 부처님께서 가르치신 진리에 이르는 방법은
④ 다름 아닌 고·집·멸·도 사성제의 실천이네.

① 괴로움 벗어나고 실상이 허망함을 바로 알아 해탈을 얻었는데
② 부처님께서는 이러한 해탈을 참된 열반이라 아니 하시는구나.
③ 나는 이미 법왕되어 모든 법에 자유자재
④ 중생을 건지려고 이 세상에 온 것이니라.

① 내가 설한 이 가르침은 세간의 복밭이네.
② 함부로 교화하다 오해하면 더 큰 죄를 짓게 되며
③ 어떤 사람 이 법 듣고 기뻐하는 마음 일어나면
④ 이 사람이 다름 아닌 불퇴전의 보살이네.

【3-26】① 이 경전을 믿는 이가 있다면 그는 진정한 일불승이네.
② 이 사람은 지난 세상 부처님 만나 뵙고 목숨 걸고 수행한 자
③ 성문과 벽지불의 지혜로는 이 경을 이해할 수 없으며
④ 그래도 이 경전을 듣고 믿고 받드는 이, 보살들뿐이구나.

① 사리불이여,
② 교만하고 게으르고 나에 집착하는 자와
③ 오욕에만 탐착하는 범부 중생에게는
④ 이 묘법연화경을 설하지 말라.

① 이 경전을 믿지 않고 비방하는 어떤 사람
② 수억 겁을 지내면서 부처 종자 끊어지며
③ 의혹심을 일으키면 이 사람이 받을 과보

④ 자세히 설할 테니 귀 기울려 들어 보라.

【3-27】① 그 사람 죽은 뒤에 아비지옥 떨어져서
② 한 겁 동안 죄를 받고 이러한 나고 죽음, 무수 겁을 지내다가
③ 개도 되고 짐승 되어 축생 과보 받게 되며
④ 가는 곳마다 사람에게 미움받고 천대받게 되리라.

① 낙타나 당나귀로 태어나서 무거운 짐 등에 싣고
② 채찍을 맞으면서 여물만 생각할 뿐 다른 것은 모르나니
③ 이 경전 비방하면 이런 과보 받느니라.
④ 이러한 과보 받아 부처의 종자까지 끊어지네.

① 들짐승 몸을 받아 마을에 내려오면 아이들에게 시달리고

② 온갖 고통을 다 받다가 결국에는 죽게 되며
③ 여기서 다시 구렁이 몸을 받아 모든 사람이 외면하네.
④ 이 경전 비방하면 이런 과보 받느니라.

【3-28】① 이 경전 비방하면 사람 몸 받더라도
② 난쟁이 곰배팔이 절름발이 곱사등 몸을 받고,
③ 눈은 멀고 귀는 먹고
④ 무슨 말을 하더라도 사람들이 믿지 않네.

① 입 냄새 고약하고 거지 몸 받게 되며
② 귀신들이 따라붙어 평생 동안 병을 앓고
③ 역적 도모 강도죄와 절도죄로
④ 이유 없이 걸려들어 억울한 형벌 받네.

① 죄 많은 이 사람은 어려운 곳에 태어나며
② 귀 먹고 마음 산란하여 불법을 듣지 못하며

③ 삼악도 윤회하기를 자기 집 안방 드나들 듯 하네.
④ 이 경전을 비방하면 이런 과보 받느니라.

① 날 때마다 귀가 먹고 장님 되며
② 말 못하는 벙어리 되고 몸은 불구 되며
③ 수종 소갈증 옴 연주창 등창이 끊이지 않으며
④ 몸은 항상 악취 나서 견딜 수가 없구나.

① 음탕한 마음 치성하여
② 부모 형제도 안 가리며 짐승도 안 가리네.
③ 이 경전을 비방하면 받는 과보
④ 한 겁을 하더라도 끝이 없구나.

【3-29】① 어떤 사람 영리하여 지혜 있고 총명하여
② 부처도를 구하는 이, 지난 세상 부처님께 공양 올려
③ 믿는 마음 견고한 이, 이와 같은 사람들은

④ 이 경전을 믿고 따르리니 그들에게 설하여라.

① 부지런히 정진하여 자비심이 가득한 이,
② 마음에 탐욕 적어 예의가 반듯한 이,
③ 어리석음 멀리 떠나 산수를 좋아하는 이,
④ 이와 같은 사람들은 이 경전을 믿고 따르리니 그들에게 설하여라.

① 생활이 반듯하여 오계를 잘 지키는 이
② 생명들을 사랑하여 마음이 부드럽고 성 안 내는 이
③ 이와 같은 사람들은 대승법을 이해하고 믿을 것이니
④ 일불승 묘법연화경을 그들에게 설하여라.

① 무량겁을 말하여도 어찌 다 할까마는
② 사리불이여, 부처도를 구하는 이
③ 이와 같은 사람들은 이해하고 믿으리니

④ 미묘한 법화경을 그들에게 설하여라.

① 지극한 마음으로 불사리 구하는 이
② 또한 그러한 마음으로 경전을 구하여
③ 두 마음 내지 않고 정수하여 불법을 구하네
④ 다른 데 뜻이 없으니 경전만을 그들에게 설할 뿐이네.

제 4 신해품

제 4 신해품

【4-1】 이 때에 장로 수보리와 가전연과 마하가섭과 목건련이 부처님으로부터 이러한 드물고 귀한 법문을 처음 들었으며 또 부처님께서 사리불에게 최상의 깨달음에 대한 수기를 주는 것을 보고 더할 수 없는 최상의 마음으로 기뻐하면서 자리에서 일어나 오른쪽 어깨를 드러내고 오른쪽 무릎을 땅에 대고 지극한 마음으로 합장하고 허리를 굽혀 공경하였다. 마하가섭이 부처님을 우러러 보면서 말씀드렸다.

"저는 대중 가운데 나이가 제일 많은 수행자입니다. 스스로 '이미 열반을 얻었으며 더 이상 할 일이 없다'라고 생각하여 최상의 깨달음을 구하려고 노력하지 않았습니다. 지금 부처님의 말씀을 듣고 진정으로 참회합니다. 다시금 이 몸이 죽어 한줌의 흙으로 돌아갈 때까지 목숨을 걸고 기쁜 마음으로 수행 정진하여 최상의 깨달음을 성취하겠습니다. 진정 즐거운 마음으로 수행하겠습니다. 부처님 감사합니다. 사리불에게 최상의 깨달음을 성취할 수 있다는 수기를 주심은 진정 크나큰 은혜입니다. 어찌 사리불에게만 주시는 수기이겠습니까? 이것은 생명에 대한 진정한 축복이며 가능성입니다. 정말 감사합니다.

【4-2】 제가 다른 수행자들이 이해하기 쉽도록 비유를 들어 저의 뜻을 밝히겠습니다.
(제 2 장자 궁자의 비유)
어떤 사람이 어릴 때에 이웃 마을로 놀러갔다가 길을 잃어 집으로 돌아오지 못하고 집을 찾아 헤매다가 거지가 되었습니다. 이 지방 저 지방으로 다니면서 십 년, 이십 년, 오십 년을 살았습니다.
사방으로 구걸을 하며 다니다가 우연히 고향으로 가게 되었습니다.

한편 아버지는 자식을 찾아 나섰다가 포기하고 고향에 머물러 살았습니다. 그 아버지는 대단히 부유하여 금은 보화등 재물이 한량 없었으며, 논 밭을 내주고 품 삯을 받아들이는 일이 다른 나라에까지 미쳐 출입하는 장사꾼와 거간꾼들이 수 없이 많았습니다.

아버지는 아들과 이별한 지가 오십 년이 되었으나, 한 시도 아들을 잊은 적이 없었지만 다른 사람들에게는 아들의 일을 말하지 않고 마음속에만 묻어 두었습니다. 스스로 한탄하기를 '아들이 살아 있어서 이 재산을 물려줄 수만 있다면 더 이상 무엇을 바라겠는가?'라고 생각하였습니다.

【4-3】 부처님이시여,
이 때 거지가 된 아들은 이 집 저 집 떠돌아다니다가 우연히 아버지가 사는 집에 이르러 대문 밖에 서 있었습니다. 거지가 된 아들이 대문에서 집 안쪽을 바라보

니 주인은 사자좌에 앉아서 보배로 만든 받침에다 발을 올려놓고 바라문과 찰제리, 거사들이 그를 공경하여 에워싸고 있으며, 관리인들과 하인들이 흰 불자를 들고 좌우에 시위하고 있었습니다. 또한 보배 휘장을 두르고 화번을 드리웠으며, 향수를 땅에 뿌리고, 온갖 훌륭한 꽃을 흩어 매우 호화롭게 장식되어 있었고 주인은 위엄과 덕이 있는 훌륭한 사람으로 보였습니다. 거지가 된 아들은 주인의 화려한 치장과 부유함을 보고 그가 큰 세력가인 줄 알고 두려운 생각이 들어 여기 온 것을 후회하면서 다음과 같이 생각하였습니다. '이 집 주인은 왕이거나 혹은 높은 벼슬을 하는 어른인가 보다. 이곳은 내가 품을 팔아 삯을 받을 곳이 아니다. 차라리 다른 가난한 마을을 찾아가서 마음대로 품을 팔아 살아가는 것이 나을 것 같다. 여기서 머뭇거리다가 붙들리면 강제로 일을 시킬지도 모르겠다.' 이렇게 생각하고 빨리 그 곳을 떠났습니다.

【4-4】그 때 장자는 사자좌에서 그 거지가 아들임을 알아보고 매우 기뻐하면서 이렇게 생각하였습니다. '내 창고에 가득한 재산을 이제 전해 줄 사람이 생겼구나. 내가 아들을 항상 생각하면서도 만날 수가 없더니, 이제 아들이 나타났으니 나의 소원을 이루게 되었구나.'하고 곧 하인을 보내어 데려오게 하였습니다. 그 때 하인이 쫓아가서 거지 아들을 붙드니, 아들은 놀라서 크게 부르짖었습니다. "나는 아무 잘못이 없는데 왜 붙잡습니까?" 하인은 거지가 된 아들을 강제로 데려가려 하였습니다.

그 때 아들은 '붙들려 가면 반드시 죽게 될 것이다.'라고 생각하고 매우 놀라서 기절하고 말았습니다. 아버지가 멀리서 이 광경을 보고 하인에게 말했습니다. "그 사람은 필요 없으니 억지로 데려오지 말고, 얼굴에 냉수를 끼얹어 정신이 들도록 하되 그에게 아무 말도 하지 말라." 아버지는 아들이 자신의 부를 몹시 두려워하고 있음을 알아차리고 자기의 아들이란 것을 아무에게도 말하지 않았습니다. 그래서 방편으로 스스로 인식하게 하려고 마음 먹었습니다. 하인은 정신을 차린 거지가 된 아들에게 말하기를 "이제 너를 놓아 줄 터이니 마음대로 가라." 하였습니다. 아들은 뛸 듯이 기뻐하면서 얼른 그 집을 떠났습니다.

【4-5】 그 때 장자는 아들을 데려오려고 한 방편을 생각해 냈습니다. 그리하여 행색이 초라하고 보잘 것 없는 두 사람을 몰래 보내면서 이렇게 일렀습니다. "너희들은 그 사람에게 가서, 품팔 곳이 있는데 삯은 곱을 준다고 하라. 그래서 그가 가겠다고 하거든 데려오고, 무슨 일을 할 것이냐고 묻거든, 거름을 치는 일인데 너희들도 함께 일한다고 하라." 두 사람은 거지가 된 아들을 찾아가서 장자가 시킨 대로 말하였습니다. 그 후부터 거지가 된 아들은 장자의 집에 머물면서 거

름을 치고 삯을 받으면서 지냈습니다. 어느 날 장자가 방안에서 창 틈으로 내다보니, 아들의 몸은 야위어 초췌하고, 먼지와 거름이 몸에 잔뜩 묻어 더럽기 짝이 없었습니다.

그래서 아버지는 때가 묻은 허름한 옷으로 갈아 입고 오른손에 거름치는 삽과 괭이를 들고 조심조심 일꾼들이 일하는 곳으로 갔습니다. "그대들은 부지런히 일하고 게으름을 부리지 말라."하면서 아들에게 가까이 가서 말하였습니다. "가엾다, 이 사람아. 그대는 이제부터 다른 곳에는 가지 마라. 품삯도 차차 올려줄 것이고, 지내는 데 필요한 물건들을 넉넉하게 줄테니 걱정하지 말아라.

나를 아버지 같이 여기면서 지내거라. 너는 일을 할 때에 게으르거나 속이지 않으며 말이 없고 착해서 내 마음에 든다."

그 때, 궁한 아들은 이런 대우를 받는 것이 기뻤으나,

여전히 머슴살이 하는 천한 사람이라는 것을 잊지 않았습니다. 그렇게 이십 년 동안을 항상 거름만 치면서 지내는 동안 장자와 거지가 된 아들은 서로 믿고 허물없이 지내는 사이가 되었지만 아들은 일꾼의 신분을 잊지 않고, 여전히 본래의 거처를 옮기지 않았습니다.

[4-6] 부처님이시여, 어느 날 장자가 병이 났습니다. 죽을 때가 멀지 않았음을 알고 아들에게 말하기를 "나의 창고에는 금 은 보배가 가득차 있다. 오늘부터 모두 네가 맡아서 처리하여라. 내 마음이 이러하니, 너는 내 뜻을 받들어라. 모든 재산이 너의 것이라고 생각하고, 소홀히 다루거나 실수하지 말라."고 하였습니다.
거지가 된 아들은 그 날부터 창고를 지키면서 조금도 그 재물을 탐내지 않았을 뿐만 아니라 항상 일꾼들이 거처하는 곳에서 지냈습니다. 얼마 후, 장자는 거지가 된 아들의 마음이 점점 나아져서 큰 뜻을 품게 되었

고, 예전의 용렬했던 모습이 없어진 것을 알았습니다. 그러다가 임종이 가까워 오자 아들을 시켜 친척과 국왕과 대신과 찰제리와 거사들을 모이게 한 후 이렇게 선언하였습니다.

"여러분, 이 아이는 내 아들이오. 내가 낳아서 길렀는데, 아무 해에 고향에서 길을 잃어버리고 여러 곳으로 떠돌기를 오십여 년이었소. 이 아이의 본명은 아무개이고 내 이름은 아무요. 그 때 고향에서 아이를 잃어버렸을 때 찾으려고 무척 애를 썼지만 찾지 못하다가 거지가 된 모습으로 내 집에서 뜻밖에 만나게 된 것입니다. 지금부터는 내가 소유했던 모든 재산이 이 아이의 소유며, 예전부터 출납하던 것도 이 아이가 알아서 할 것이오."

부처님이시여,

이 때 아들은 아버지의 말을 듣고 크게 기뻐하여 얻기 힘든 것을 얻었다 하면서 '나는 본래 이 재산에 대해서 아무런 바램도 없었는데, 이제 엄청난 보배 창고가 저절로 왔다.'고 생각하고 좋아하였습니다.

[4-7] 부처님이시여,
큰 재산을 가진 장자는 여래이시며, 저희들은 집을 잃어버린 아이와 같습니다. 언제나 저희들에게 자비로우신 부처님, 진정 감사합니다.
부처님이시여,
저희들이 세 가지 괴로움으로 인하여 생사를 거듭하면서 온갖 번뇌의 꽃을 피웠고 소승법만 좋아하면서 저희들의 소견이 맞다고 고집하였습니다. 지금도 저희들은 조그마한 성취에 만족하여 그것이 저희들이 도달해야 할 목적지이며, 전부인 줄 알고 만족하고 있었습니다.
그러나 부처님께서는 소승법을 좋아하는 저희들의 모자라는 마음까지도 때가 될 때까지 내버려두는 자비로움을 베풀어주셨습니다. 저희들은 부처님께서 가르쳐주신 열반에 이르는 하루 품삯이 열반의 전부인 줄 알고 고집하며 자만하였습니다. 부처님께서는 저희들이 소승법이 최고인 줄 알고 소승을 좋아하는 것을 아시면서도 방편으로 저희들의 뜻에 맞추어 바르게 나아갈 수 있게 해주셨습니다.

【4-8】 이제야 비로소 대승법으로 저희들의 눈을 열어주셨습니다. 소승이 대승으로 환원되는 귀한 가르침을 주셔서 정말 감사합니다. 비로소 부처님께서 큰 자비로움으로 저희들을 지켜보고 계시는 것을 알겠습니다. 여기서 말씀하신 일불승의 뜻을 조금이나마 깨닫고 수행자들이 진정으로 추구해야 할 것이 최상의 깨달음이라는 것을 이제야 알겠습니다."

【4-9】 ① 마하가섭 말하기를 저희들이 부처님 말씀

듣고

② 크게 기뻐하여 얻기 힘든 귀중한 것을 얻었습니다.
③ 비유를 들어 말씀을 드리면 어린 아이 집을 나가
④ 여러 지방 떠돈 지가 오십 년이 되었습니다.

① 장자는 아들 찾아 수십 년을 헤맨 뒤에 끝내는 고향에 머물렀네.
② 주고받는 장사 일이 타국까지 두루 퍼져 논 밭과 하인들
③ 그 집에 머무는 장사꾼와 거간꾼들 수 없이 많으며
④ 벼슬아치 명문 거족 임금까지 존경하였습니다.

① 나이가 들수록 아들 생각 더욱 더욱 간절한데 아무 것도 모르는 거지 아들
② 이 마을 저 마을 걸식하며 다니는데
③ 굶주리고 야위었고 옴과 버짐이

몸에 가득 악취만 피워내며
④ 이곳 저곳 헤매다가 마침내 아버지 사시는 성에 당도했습니다.

[4-10] ① 그 때 장자는 보배 휘장을 둘러치고 사자좌에 앉아 있네.
② 권속들이 둘러싸고 시중들이 호위하며
③ 어떤 이는 금 은 보화 주판으로 계산하고
④ 들어오고 나가는 재산을 장부에 기록하네.

① 대문 틈으로 들여다 보는 거지를 아버지가 바라보니
② 한 눈에 아들이라 사람을 보내 붙들어 오게 하니
③ 이 사람들 날 붙드니 틀림없이 죽이리라 생각하고
④ 거지 아들 놀라서 기절하였습니다.

① 거지 자식 용렬하여 자신의 말을 믿지 않음을 알고
② 애꾸눈에 난쟁이 못난 하인을 시켜 품팔 것을 설득하네.
③ 거름을 치워 주면 품삯을 곱으로 준다고 하니 거지 아들 기뻐하며
④ 못난이 하인과 방과 마루를 치우며 열심히 일을 하였습니다.

【4-11】① 장자가 허름한 옷으로 바꿔 입고
② 거지 아들에게 접근하여 부지런히 일 잘하면
③ 품삯도 올려준다 하고, 먹을 것도 넉넉하게 입을 것도 따뜻하게
④ 대우를 잘 해주니 믿고 잘 따랐습니다.

① 이십 년이 지나 집안 일 전체를 보게 하고 문간방에 거처하며

② 장자는 아들에게 재산을 물려주려고 국왕 대신 친족과 동네 사람들을 모아놓고
③ '이 아이가 오십 년 전에 집 나간 내 아들이오.
④ 재산을 물려주니 그렇게 아시오' 하였습니다.

① 가난하던 아들 마음 편협하고 여유 없더니
② 오늘 날 아버지의 큰 재산 물려 받게 되어
③ 큰 집과 많은 재산 모두 내 것이 되었으니
④ 기쁘기 한량 없고 전에 없던 일입니다.

【4-12】① 부처님도 그와 같아 저희들이 좋아하는 성문을 가르치고
② 그 다음에 대승법인 최상승 법을 가르쳐서 성불수기 주십니다.
③ 보살들을 위하여 여러 가지 인연과 갖가지 비유로써
④ 위 없는 바른 깨달음 설하십니다.

① 이 때 여러 부처님 그들에게 수기 주어
② '그대들은 다음 생에 성불하리라' 하시네.
③ 모든 부처님이 은밀히 간직한 법
④ 어리석은 저희 성문들은 알지 못했습니다.

① 저 아들이 아버지를 친근하게 모시면서
② 모든 재산 맡았으나 가질 마음 없었던 것처럼
③ 저희들도 대승법을 입으로는 말했지만
④ 원하지 않았던 것이 또한 이와 같습니다.

① 번뇌만 끊고 나면 해야 할 모든 일을 마친 줄 알고
② 부처님 국토를 깨끗하게 하고 중생을 교화하는 일 접어두고
③ 진정한 열반도 아닌 유여열반을 최상의 법으로 착각하고
④ 깨달음을 성취하여 부처님의 은혜를

보답했다고 생각했습니다.

【4-13】① 장자가 용렬한 아들에게 방편으로 마음을 조복 받듯이
② 부처님도 방편으로 소승을 깨뜨리고 마음을 조복 받고
③ 대승 지혜 가르치시니 지혜 복덕 저절로 불어나듯
④ 궁한 아들 뜻밖에 많은 보배 얻음과 같습니다.

① 부처님이시여, 저희들이 오랜 세월 청정계율
② 닦고 닦아 이제서야 그 과보를 얻습니다.
③ 부처님의 마음으로 중생 소리 듣게 되어 참 성문 되었으며
④ 참된 아라한 되어 하늘과 사람들의 공양을 받습니다.

① 부처님도 방편으로

② 마음을 조복 받은 후 대승 지혜를 가르치시니
③ 궁한 아들 뜻밖에 많은 보배 얻음과 같으며
④ 오늘에야 성문 아라한 되어 대중 가운데 공양받게 되었습니다.

【4-14】① 부처님의 크고 크신 은혜
② 중생들을 제도하신 은덕
③ 생명의 참 성품을 밝히신 은덕
④ 한량 없는 세월에도 누가 능히 갚겠습니까?

① 머리 조아려 예경하고 겐지즈 강의 모래만큼 많은 겁 동안에
② 진귀한 보물과 온갖 약재를 공양하고
③ 우두전단으로 탑을 지어 공양하며
④ 온갖 것들을 공양한들 부처님 은혜 갚을 길 없습니다.

【4-15】① 한량 없고 그지 없어 생각할 수 없는 은혜의 복밭인, 부처님이시여!
② 상에 탐착한 중생들을 위하여 진리를 설하시고
③ 모든 법에 자유자재 하시어
④ 중생들의 욕망과 뜻을 낱낱이 아십니다.

① 중생들의 근기 따라 이해할 수 있도록
② 한량 없는 비유로써 법을 설하시며
③ 지난 생에 심어 놓은 중생들의 근기를 낱낱이 살피시어
④ 일불승의 불도를 삼승으로 나누어 알맞게 설법하십니다.

제 5 약초유품

제 5 약초유품

【5-1】 그 때 부처님께서는 마하가섭과 여러 제자에게 말씀하셨다.

"착하고 착하다. 가섭이여,
여래의 진실한 공덕을 잘 말하였다. 진실로 너의 말과 같으며, 여래는 한량 없고 그지 없는 무한한 덕이 있으니 너희들이 억만 겁을 말한다해도 다 말할 수 없다.
가섭이여,
여래는 모든 존재의 본질을 꿰뚫어 알고 있으므로 말하는 모든 것이 진실하다. 여래는 모든 법에 대하여 상대방의 근기에 따라 지혜와 방편으로 말씀하시어 수행자로 하여금 최고의 지혜에 이르게 한다. 여래는 모든 법이 돌아갈 곳을 관조하여 알며, 모든 중생의 마음의 움직임을 통달하여 걸림이 없다. 또한 모든 법의 근원을 알아 중생에게 온갖 지혜를 보여준다.

가섭이여,

(제 3 약초의 비유)

비유하자면 삼천대천 세계의 산과 들에서 자라는 초목들과 약초는 수 없이 많다. 비구름이 삼천대천 세계를 덮고 일시에 비가 내리면 초목들과 약초들의 뿌리와 줄기와 잎은 각각 필요한 만큼 물을 받아들이며, 초목들과 약초들의 종류와 성질에 따라 잎과 줄기가 성장하며 꽃이 피고 열매를 맺는다. 비록 한 땅에 나고 같은 비로 적시움을 받는다 해도 뿌리와 줄기와 잎이 다르게 받아 들이듯이 중생의 근기와 성품에 따라 각각 다른 결과를 가져오게 된다.

[5-2] 가섭이여,

여래도 그와 같아서 여래가 세상에 출현하심은 큰 구름이 일어나는 것과 같고, 큰 음성으로 진리를 설하여 하늘, 사람, 아수라에게 두루 들리게 함은 큰 비가 삼천대천 세계의 모든 초목에게 골고루 내리는 것과 같다. 그리하여 여래는 여러 대중에게 다음과 같이 설법하였다.

"나는 여래, 응공, 정변지, 명행족, 선서, 세간해, 무상사, 조어장부, 천인사, 불세존이니, 제도하지 못한 자를 제도하고, 이해하지 못한 자를 이해시키고, 편안하지 못한 자를 편안하게 하고, 열반에 들지 못한 자를 열반에 들게 한다. 또한 전생, 현생, 내생을 분명히 알아 일체를 아는 자며, 일체를 보는 자며, 도를 아는 자며, 도를 여는 자며, 도를 설하는 자이다. 너희 하늘, 사람, 아수라들은 법을 들으려면 다 여기로 오너라."

이때 하늘, 사람, 아수라 등 수천억 종류의 생명들이 부처님 계신 곳에 와서 법문을 들었다.

부처님께서는 중생의 근기가 영리하고 둔함에 따라, 부지런하고 게으름에 따라 법을 설하여 수 많은 중생이 즐거워하고 기뻐하였으며, 또한 그들은 많은 이익을 얻었다.

중생이 이 법을 들으면 이생에는 편안하고, 내생에는 좋은 곳에 태어나 도를 닦아 즐거움을 누리고, 또한 진리를 듣게 되고 나아가 진리를 실천하여 모든 장애를 여의고 그의 능력에 따라 점점 도의 세계에 들어가 결국에는 견성 성불하게 된다. 마치 큰 구름이 모든 초목과 약초에 비를 내리면 그 종류와 성품에 따라 적당하게 성장하는 것과 같다.

【5-3】 여래가 설하는 법은 한 모양이며 한 맛이다. 해탈상, 이상, 멸상, 구경열반상, 적멸상으로써 공을 설하며 마침내 일체종지에 이르는 것이다. 어떤 중생이 여래의 법을 듣고 받들어 지니거나 독송하거나 가르침에 따라 수행한다면 얻는 공덕은 가히 말로 다 할 수가 없다. 여래는 중생의 종류와 모양과 본체와 성품을 잘 알고 있기 때문에 중생이 무엇을 기억하고 있으

며, 무엇을 생각하며, 무엇을 닦는지, 또 어떤 생각을 하면 어떤 결과가 나타나고, 어떻게 닦으면 어떤 결과가 올 것인지를 알고 있다. 중생은 자신이 처해 있는 경지를 알지 못하지만 여래는 분명히 보아 밝게 알고 있으니, 마치 저 초목들이 스스로의 상, 중, 하 성품을 알지 못하되 여래는 이들의 성품을 아는 것과 같다.

가섭이여, 너희들이 수행자로서의 성품을 갖추고 있으니 한량없이 기쁘다. 여래가 설하는 법은 근기에 따라 설하지만 중생의 잘못된 업 때문에 이해하기도 어렵고, 실천하기는 더욱 어려운데 너희들은 믿고 따라 수행하니 이 또한 큰 복이다.

부처님께서 이 뜻을 거듭 펴시려고 게송으로 말씀하셨다.

① 시방에 골고루 내리는 단비는
② 산과 내와 골짜기 초목과 약초들 큰 나무와 작은

나무

③ 온갖 곡식, 한 맛의 비를 맞아 모두 풍성하게 자라지만

④ 키 큰 나무, 작은 나무 성품 따라 제각기 생장하네.

① 뿌리와 줄기 가지와 잎새 꽃의 색깔 열매의 모양

② 한 맛의 비를 맞아 싱싱하고 빛나지만

③ 그 본질과 성품과 모양에 따라

④ 적시는 비는 하나이지만 무성함은 제각기 다르네.

【5-4】① 부처님도 그와 같아 이 세상에 오시는 일은

② 구름이 온 세상을 덮는 것과 같으며

③ 이 세상에 오신 뒤엔 모든 중생을 위하여

④ 모든 법의 참된 이치 분별하여 설하시네.

① 세상을 덮는 큰 구름이 큰 비를 내리듯이

② 고통받는 중생에게 감로비를 뿌리시네.
③ 괴로움을 벗어나서 편안하고 즐거운 열반을 설하시며
④ 궁극의 깨달음을 위하여 인과 연을 지으시네.

① 부처의 눈으로 보면 모든 것은 한결 같고 평등하여
② 귀하고 천하고 높고 낮음 원래 없네.
③ 지혜로운 이와 어리석은 이를 가리지 않고
④ 평등하게 법비를 내리시네.

① 모든 중생 능력대로 여러 지위에 머무나니
② 전륜성왕 제석천왕 범천왕으로 태어남은 소품 약초이며
③ 산 속에서 정진하는 연각은 중품 약초이며
④ 선정 닦아 정진하여 깨달음을 구함은 상품 약초이네.

【5-5】① 항상 자비를 행하며 성불을 구하는 이는 작은 나무이며
② 보살행을 행하며 중생을 제도하며 성불을 구하는 이는 큰 나무이네.
③ 부처님의 평등한 법문 단비와 같지마는 중생의 근기 따라
④ 크고 작은 초목처럼 성문 연각 보살을 길러내시네.

① 부처님께서는 여러 가지 비유와 방편으로 말씀하시지만
② 결국에는 한 가지 최상승법으로 돌아가네.
③ 내가 이제 법비를 내려 우주에 가득하니
④ 성품대로 도를 닦아 언젠가는 성불하네.

① 산 속에서 정진하여 성문이나 연각의 과를 얻는 것은 약초와 같고

② 지혜와 행이 뛰어나 보살의 과를 얻는 것은 작은 나무와 같고
③ 모든 법의 공함을 터득하여 깨달음을 증득하면 큰 나무와 같네.
④ 부처님 말씀 한 맛의 단비지만 사람 꽃에 맺는 열매 성품 따라 달라지네.

① 가섭이여, 자세히 알라.
② 이러한 인연들과 여러 가지 비유로써
③ 불도를 보이나니
④ 이것은 모든 부처님의 방편이니라.

① 내가 이제 너희들 위해 참된 사실 말하노니
② 성문 연각은 참 열반이 아니며
③ 너희들이 닦아 수행할 것은 보살의 도이며
④ 점차로 닦아 행하여 결국에는 부처 이루리라.

제 6 수기품

제 6 수기품

[6-1] 이 때 부처님께서는 게송을 말씀하시고 모든 대중에게 이렇게 말씀하셨다.

"마하가섭은 미래세에 삼백만억의 부처님을 받들어 공양하고, 공경하며, 찬탄하여 부처님께서 설하신 법을 널리 펴다가 최후로 몸 받은 세상에서 성불할 것이다. 이름은 광명여래이며, 나라 이름은 광덕이며, 시대(겁)의 이름은 대장엄이며, 부처님의 수명은 십이 소겁이며, 바른 법이 세상에 머무는 기간은 이십 소겁이 될 것이다.

그 나라는 깨끗하고 장엄하게 꾸며져 있어 더러운 것이 없으며, 땅은 평평하고 비옥하며 유리와 같이 투명하며, 거리에 있는 모든 것이 금 은 보화로 만들어져 진귀할 것이다. 그 나라에는 보살과 성문들이 수천억

이나 되며, 비록 사도를 따르는 무리들이 있다 하더라도 결국에는 불법으로 돌아올 것이다.
부처님께서 이 뜻을 거듭 펴시려고 게송으로 말씀하셨다.

① 마하가섭은 미래 세에 무수겁 동안 부처가 되기 위하여
② 삼백만억 부처님을 받들어 공양하고 찬탄하며
③ 부처님의 법을 널리 펴다가 광명여래로 성불할 것이니
④ 나라 이름은 광덕이며 시대의 이름은 대장엄이니라.

① 나라는 깨끗하고 장엄하게 꾸며져 있으며
② 땅은 평평하고 비옥하며 유리와 같이 투명하며
③ 그 나라에는 보살과 성문들이 수천억이나 되며
④ 비록 사도들이라 하더라도 결국은 불법으로 돌아올 것이다.

① 부처님께서는 대승법으로 중생을 교화하시며
② 그 부처님의 수명은 십이 소겁이 될 것이며
③ 정법이 세상에 머무는 기간은 이십 소겁이 될 것이며
④ 상법이 세상에 머무는 기간도 이십 소겁이 될 것이다.

[6-2] 이 때 목건련, 수보리, 가전연이 감격의 눈물을 흘리며 일심으로 합장하고 부처님을 우러러 보며 함께 게송으로 말씀드렸다.

① 석가족으로 태어나 법왕 되시어
② 크게 용맹하신 부처님이시여
③ 저희들을 어여삐 여기시고
④ 지혜와 자비의 비 뿌려 주소서.

① 흉년 든 나라에서 모든 백성이
② 임금이 주는 음식을 받고도

③ 송구하여 먹지 못하다가
④ 명령을 받고서야 비로서 음식을 먹듯이.

① 저희들의 마음 살피시고
② 성불 수기를 주신다면
③ 지친 이 마음에 감로수 뿌려
④ 탐심 진심 녹여 내고 이 마음 빛이 될 것입니다.

【6-3】이 때 부처님께서는 제자들의 마음을 아시고 수보리와 가전연과 목건련에게도 수기를 주셨다.
"수보리야, 너는 미래세에 삼백만억 부처님을 받들어 공양하고, 공경하며, 찬탄하여 부처님께서 설하신 법을 널리 펴고 수행 생활을 깨끗하게 하며 최후로 몸 받은 세상에서 성불할 것이다. 이름은 명상여래이며, 나라 이름은 보생이며, 시대(겁)의 이름은 유보이며, 부처님의 수명은 십이 소겁이며, 바른 법이 세상에 머

무는 기간은 이십 소겁이 될 것이다.
그 나라는 깨끗하고 장엄하게 꾸며져 있어 더러운 것이 없으며, 땅은 평평하고 비옥하며 유리와 같이 투명하며, 거리에 있는 모든 것이 금 은 보화로 만들어져 진귀할 것이다. 명상여래는 그 나라에서 수행하고 있는 수 많은 보살과 성문을 제도할 것이다."
부처님께서 그 뜻을 거듭 펴시려고 게송으로 말씀하셨다.

① 대중들이여, 한결 같은 마음으로 나의 말을 들어라.
② 수보리는 삼백만억 나유타 부처님께 공양 올리고
③ 명상여래라는 이름으로 성불하리니 삼십이 상 아름다운 몸매 갖추었으며,
④ 땅은 평평하고 국토는 깨끗하게 장엄되었네.

① 모든 중생 근성이 총명하여 진리에서 물러나지 않으며

② 성문과 보살들이 수 없이 많고 삼명과 육신통 모두 갖추었네.

③ 여러 하늘과 사람들 합장하고 나의 말을 들어라.

④ 부처님 수명은 십이 소겁이며 정법은 이십 소겁 동안 머물 것이다.

【6-4】"이제 가전연에게 성불 수기를 줄 것이니 잘 들어라. 가전연은 다음 세상에 팔천억 부처님께 공양물로 공양을 올리고, 받들어 섬기며, 부처님이 멸도하신 후 거대한 탑묘를 세워 찬탄할 것이며 최후로 몸 받은 세상에서 성불할 것이다. 이름은 염부나제금광여래이며, 부처님의 수명은 십이 소겁이며, 바른 법이 세상에 머무는 기간은 이십 소겁이 될 것이다.

그 나라는 깨끗하고 장엄하게 꾸며져 있어 더러운 것

이 없으며, 땅은 평평하고 비옥하며 유리와 같이 투명하며, 거리에 있는 모든 것이 금 은 보화로 만들어져 진귀할 것이다. 염부나제금광여래가 다스리는 나라에는 지옥, 아귀, 축생, 아수라가 없어 다툼이 없고 평화로울 것이며, 하늘과 사람들이 많아 수행하고 있는 보살들과 성문들이 그 나라를 장엄하게 할 것이다."
부처님께서 이 뜻을 거듭 펴시려고 게송으로 말씀하셨다.

① 가전연은 팔천억 부처님이 열반하신 뒤 칠보탑을 조성하고
② 꽃과 향으로 사리에 공양하고 그 인연으로
③ 염부나제금광 여래라는 이름으로 성불할 것이며
④ 한량 없는 중생들을 제도하여 해탈케 하리라.

① 부처님의 찬란한 광명보다 더 할 이가 없으며

② 국토는 맑고 깨끗하며 모든 번뇌를 끊은
③ 보살과 성문이 수 없이 많아 그 나라를 장엄할 것이다.
④ 부처님 수명은 십이 소겁이며 정법은 이십 소겁 동안 머물 것이다.

【6-5】 "이제 목건련에게 성불 수기를 줄 것이니 잘 들어라. 목건련은 다음 세상에 이백만억 부처님께 공양물로 공양을 올리고, 받들어 섬기며, 부처님이 멸도하신 후 가로와 세로가 오백 유순이나 되며 높이가 천 유순(16,000 Km)이나 되는 거대한 탑묘를 세워 찬탄할 것이며 최후로 몸 받은 세상에서 성불할 것이다. 이름은 다마라발전단향여래, 응공, 정변지, 명행족, 선서, 세간해, 무상사, 조어장부, 천인사, 불세존이며, 나라 이름은 의락이며, 시대(겁)의 이름은 희만이며, 부처님의 수명은 이십사 소겁이며, 바른 법이 세상에 머무

는 기간은 사십 소겁이 될 것이다.

다마라발전단향여래가 다스리는 나라는 모두가 즐거워 할 것이며, 국토는 반듯하고 평평하며, 땅은 수정으로 되어 있을 것이며, 보배나무로 장엄되고 거리에는 진주로 된 꽃을 피워 보는 이마다 기쁨이 넘치게 할 것이다. 그 나라는 하늘과 사람들이 많으며 수행하고 있는 보살들과 성문들이 그 나라를 장엄할 것이다."

【6-6】 부처님께서 이 뜻을 거듭 펴시려고 게송으로 말씀하셨다.
① 목건련은 팔천이백만억 부처님을 공양 찬탄하며
② 여러 부처님 계신 곳에서 범행을 닦으며
③ 부처님 열반 하신 뒤에는 칠보로 탑을 쌓고
④ 꽃과 향으로 부처님 탑에 공양하리라.

① 마침내 보살도가 구족하여 의락국에서 성불하리니
② 이름은 다마라발전단향 여래이며
③ 한량 없는 성문 대중이 삼명과 육신통을 얻을 것이며
④ 부처님 수명은 이십사 소겁이며 정법은
사십 소겁 동안 세상에 머물 것이다.

① 그 외 오백 명이나 되는 나의 제자들
② 끝없는 수행정진으로 미래 세에 모두 성불하리라.
③ 나와 너희들의 전생 인연을 말하여 줄 것이니
④ 자세히 듣고 깨달음을 성취하는데 도움이 되도록
하여라.

제 7 화성유품

제 7 화성유품

【7-1】 부처님께서 여러 수행자에게 말씀하셨다.
"지금 이 우주가 있기 전에 또 다른 태초에는 대통지승여래라는 부처님이 계셨다. 그 나라의 이름은 호성이며, 시대(겁)의 이름은 대상이었다.

수행자들이여, 이 부처님 열반하신 지가 얼마나 오래 되었는지를 비유하자면 삼천대천 세계에 있는 모든 형상을 가루로 만들어서 동방으로 일천 국토를 지나가서 한 티끌을 놓고 또 일천 국토를 지나 한 티끌을 놓아 이 티끌 하나 놓는 것을 일겁으로 셈하여 이 가루를 다한 것 만큼 오래 되었다.

이 우주가 있기 전의 또 다른 태초의 일을 너희들에게 이야기하는 것은 여래의 깊은 지견으로 인연의 뿌리가 얼마나 깊고 또 긴 것인지를 보여 주어 수행하는데 도움이 되고자 한다. 나는 여래의 지견이 있어 그렇게 오래된 일을 오늘 일어난 일처럼 알 수가 있다."
부처님께서 이 뜻을 거듭 펴시려고 게송으로 말씀하셨다.

① 지금 이 우주가 있기 전 또 다른 태초에
② 대통지승여래라는 부처님이 계셨으니
③ 부처님의 신통력으로 그 때 열반하신 것을 지금 열반하시는 듯 보며
④ 부처님의 지혜 뛰어나 지난 모든 겁의 일을 훤히 알고 계시네.

① 삼천대천 세계에 있는 모든 형상을 가루로 만들어서
② 일천 국토 지나서 한 티끌 놓고 이것을 일 겁으로 셈하여
③ 이 가루를 다 한 것만큼
④ 대통지승여래가 열반한 것은 오래 되었네.

【7-2】수행자들이여,

대통지승여래의 수명은 오백사십만억 나유타(천억) 겁이다. 그 부처님께서는 수행하던 도량에서 탐, 진, 치의 마군이를 깨뜨리고도 위 없는 바른 깨달음이 이루어지지 않아 십 소겁 동안 가부좌한 채로 몸과 마음을 움직이지 않으셨다.

그 때 도리천에서 먼저 알고 그 부처님을 위하여 보리수 아래 놓인 단의 높이가 일 유순(40리, 16 Km)이나 되는 사자좌를 만들어 놓고 부처님의 출현을 맞이하였다. 부처님께서 그 사자좌에 앉아 선정에 드니 범천왕들이 하늘에 꽃을 뿌리기를 십 소겁 동안 하였으며 여러 사천왕은 하늘 북을 울려서 찬탄하기를 십 소겁 동안 하였다. 그 후 부처님께서는 위 없는 바른 깨달음을 성취하시게 되었다.

【7-3】그 부처님께서 출가하기 전 왕으로 계실 때 열

여섯 명의 왕자가 있었다. 아버지가 위 없는 바른 깨달음을 성취하셨다는 소문을 듣고 어머니께 하직 인사를 하고 모두 출가하여 수행자가 되었다.
전륜성왕인 조부와 백 명의 대신들과 수 많은 대중이 함께 부처님 도량에 이르러 대통지승여래에게 나아가 합장 공경하며 찬탄하기를 게송으로 하였다.

① 지혜와 복덕 두루 갖추신 부처님이시여,
② 뭇 생명에게 진리의 길 가르치려고 수억 겁의 세월을
③ 선정에 드셨다가 이제야 비로소 성불 하셨네.
④ 모든 서원 이미 구족 하셨으니 거룩하고 더 없는 길상이시네.

① 부처님의 선정력은 끝이 없어라, 한 번 가부좌에 십 겁이 흘러갔네.
② 고요히 관조하며 몸과 마음 움직임이 없으시네.

③ 마침내 무념무상으로 적멸을 이루시어
④ 무루법에 머무시니 위 없는 성취이시네.

① 중생의 백 년 살이 번뇌뿐인데 번뇌에서 벗어나는 해탈의 길 알지 못하고
② 긴긴 밤을 또 다시 업만 더 하네.
③ 문 좁은 지옥은 늘어만 가고, 문 넓은 극락은 텅텅 비었네.
④ 이제야 바른 법을 만났으니 부처님께 머리 숙여 귀의합니다.

이 때 열여섯 왕자는 부처님을 찬탄하며 불법이 세상에 전파되기를 지극한 마음으로 간청하였다.
"부처님이시여, 법을 설하소서. 모든 하늘과 인간들에게 편안함과 이익이 많을 것입니다." 하면서 게송으로 말씀드렸다.

① 지혜와 자비로 세상을 장엄하시니 세상에서 으뜸가는 최고의 영웅
② 저희들과 뭇 생명들 제도하시면
③ 이 세상엔 진리의 문 행복의 문 열리오리다.
④ 저희들의 성불함을 보이는 것은 중생에겐 크나큰 축복입니다.

① 수행과 정진으로 일구어 낸 삶, 탐욕과 분별로 얼룩진 삶
② 수억 겁 중생들이 걸어온 업의 자취를
③ 부처님께서는 천안으로 모두 보시니
④ 탐진치 여의고 진리의 바다에 이르게 하소서.

【7-4】이 때 부처님께서는 수행자들을 보시며 다음과 같이 말씀하셨다.
"대통지승여래께서 위 없는 바른 깨달음을 성취하셨

을 때, 우주에 있는 오백만억 세계가 육도 중생들을 제도하기 위하여 여섯 가지 소리로 진동하였으며, 빛이 미치지 못하는 세계와 세계의 중간 지점까지 밝아지는 기적이 일어났다. 동방 세계도 평소보다 배나 더 밝아졌으므로 동방의 범천왕들이 생각하기를 '세상이 전에 없이 이렇게 밝게 빛나고 있으니 무슨 인연으로 이런 상서로움이 나타나는가?' 하며 궁금해 하였다.
그 때 "구일체"라는 범천왕이 게송으로 말하였다.

① 우리가 살고 있는 동방 세계가 밝게 빛나고 있으니
② 이것이 무슨 인연일까? 성인이 나시려는가?
③ 부처님이 세상에 출현 하시려는 조짐인가?
④ 어마어마한 광명이 시방 세계를 두루 비치네.

오백만억 국토의 범천왕들이 상서로움의 원인을 찾다가 서쪽을 바라보니 대통지승여래가 보리수 아래 사자좌에 앉아 계시는 것이 보였다. 부처님 주위에는 열여섯 왕자를 비롯하여 수 많은 대중들이 모여 부처님을 찬탄하고 있었다. 범천왕들도 부처님께 나아가 하늘 꽃을 뿌려 축하하며 합장 공경하여 지극한 마음으로 인사를 올렸다.

그리고 그들의 궁전을 부처님께 바치면서 말씀드렸다.
"저희들을 가엾게 여겨 이로움을 주시고, 이 궁전을 바치오니 부디 받아주십시오."
이 때 범천왕들이 한결 같은 마음으로 게송을 읊었다.

① 세상에서 만나기 어려운 부처님이시여.
② 한량 없는 공덕으로 중생들을 제도합니다.
③ 저희 오백만억 국토의 궁전을 공양하오니
④ 어여삐 여기시어 받아 주소서.

【7-5】 그리고 여러 범천왕들은 '부처님이시여, 이 사

바 세계에 법륜을 굴리시어 중생들을 제도하소서.' 하면서 부처님을 찬탄하였다.

① 지혜와 복덕 구족하신 부처님이시여!
② 대승법문 듣는 것이 저희들의 소원입니다.
③ 어리석은 중생 위해 큰 자비를 베푸소서.
④ 고통받는 저희들을 진리의 바다로 인도하소서.

이 때 대통지승여래께서 법을 설할 것을 허락하셨다.
또 대중들이여, 동남방 세계의 오백만억 국토에 있는 대범천왕들도 궁전을 비추는 광명이 예전에 볼 수 없었던 것임을 보고 놀라기도 하였지만 마음 속에서 저절로 환희로움이 일어나 기뻐하며 한 곳으로 모여 '세상에 전에 없이 이렇게 밝게 빛나고 있으니 무슨 인연으로 이런 상서로움이 나타나는가?'하며 궁금해 하였다. 그 때 "대비"라는 범천왕이 게송으로 말하였다.

① 이것이 무슨 인연일까? 성인이 나시려는가?
② 부처님이 세상에 출현하시려는 조짐인가?
③ 어마어마한 광명이 시방 세계를 두루 비치네.
④ 아마도 중생을 제도하려고 부처님의 오심이리라.

오백만억 범천왕들이 이 상서로움의 원인을 찾다가 서북쪽을 바라보니 대통지승여래께서 보리수 아래 사자좌에 앉아 계시는 것이 보였다. 부처님 주위에는 열여섯 왕자를 비롯하여 용왕, 건달바, 긴나라, 마후라가, 사람, 사람 아닌 이들 수 많은 대중들이 모여 부처님을 찬탄하고 있었다. 왕자들이 부처님께 '중생들을 위하여 법을 설하소서.'하면서 법륜을 굴리기를 청하고 있었다. 범천왕들도 부처님께 나아가 하늘 꽃을 뿌려 축하하며 합장 공경하여 지극한 마음으로 인사를 올렸다. 그리고 모든 범천왕이 함께 부처님을 찬탄하였다.

① 하늘과 땅에서 가장 존귀하신 부처님께 예배합니다.

② 백팔십 겁 지나도록 부처님이 계시지 않는 암흑이 없습니다.

③ 아귀 지옥 축생은 늘어만 가고 하늘 대중은 보기 어렵습니다.

④ 그래도 저희들은 전생의 복락으로 지금 부처님을 뵙습니다.

【7-6】이 때 범천왕들이 부처님께 간청하기를 '부처님이시여, 고통 속에 헤매는 이 중생을 불쌍히 여겨 법륜을 굴리시어 중생을 제도하소서.' 하고 말하면서 게송으로 부처님을 찬탄하였다.

① 거룩한 부처님께서 법륜을 굴리시어
② 모든 법의 공한 모양 보여 주시고
③ 중생을 제도하여 즐거움 얻게 하소서.

④ 중생이 법을 얻어 하늘에 나면, 착한 일 하는 사람 많아질 것입니다.

이 때 대통지승여래께서 법을 설할 것을 허락하셨다.
또 대중들이여, 남방 세계의 오백만억 국토에서도 같은 현상이 일어났다.
이 때 묘법이라는 대범천왕이 게송으로 말하였다.

① 어마어마한 광명이 궁전과 시방 세계에 두루 비치네.
② 지난 백천 겁 동안 이러한 상서로움 한 번도 없었는데
③ 이것이 무슨 인연일까? 성인이 나시려는가?
④ 부처님이 세상에 출현하시려는 조짐인가?

오백만억 범천왕들이 이 상서로움의 원인을 찾다가 북쪽을 바라보니 대통지승여래께서 보리수 아래 사자

좌에 앉아 계시는 것이 보였다. 부처님 주위에는 열여섯 왕자를 비롯하여 용왕, 건달바, 긴나라, 마후라가, 사람, 사람 아닌 이들, 수 많은 대중들이 모여 부처님을 찬탄하고 있었다. 왕자들이 부처님께 '중생들을 위하여 법을 설하소서.'하면서 법륜을 굴리기를 청하고 있었다. 범천왕들도 부처님께 나아가 하늘 꽃을 뿌려 축하하며 합장 공경하여 지극한 마음으로 인사를 올리고 간청하기를 '부처님이시여, 고통 속에 헤매는 이 중생들을 불쌍히 여겨 법륜을 굴리시어 중생들을 제도하소서.' 하고 말하면서 게송으로 부처님을 찬탄하였다.

① 모든 번뇌 깨뜨리고 성자되신 부처님이시여
② 일백삼십 겁을 지나서 이제야 뵙습니다.
③ 진리에 목 마르고 굶주린 중생에게 법비를 내리소서.
④ 광명으로 장엄된 저 궁전들, 부처님 전에 공양 올

립니다.

【7-7】 하늘이나 사람 중에 가장 존귀하신 부처님이시여
법북을 치시고 법소라를 불며 법 비를 내리시어
한량 없는 중생을 제도하소서.
부처님께서 법 설하시기를 두 손 모아 청합니다.

이 때 대통지승여래께서 법을 설하실 것을 허락하셨다.
서남방 세계와 하방 세계에서도 남방 세계에서와 같은 현상이 일어났다.
그 때 상방 세계의 오백만억 국토에서도 같은 현상이 일어났다.
오백만억 범천왕들이 이 상서로움의 원인을 찾다가 하방을 내려다보니 대통지승여래께서 보리수 아래 사자좌에 앉아 계시는 것이 보였다. 부처님 주위에는 열여섯 왕자를 비롯하여 용왕, 건달바, 긴나라, 마후라

가, 사람, 사람 아닌 이들, 수 많은 대중이 모여 부처님을 찬탄하고 있었다. 왕자들이 부처님께 '중생을 위하여 법을 설하소서.'하면서 법륜을 굴리기를 청하고 있었다. 범천왕들도 부처님께 나아가 예배하고 백천 번을 돌며 하늘 꽃을 뿌려 축하하며 지극한 마음으로 인사를 올렸다. 그리고 모든 범천왕이 함께 부처님을 찬탄하였다.

【7-8】그리고 나서 모든 범천왕이 함께 게송으로 말하였다.
① 지혜와 복덕 구족하신 부처님이시여,
② 세상을 구하시는 부처님 뵈오니 저희들 마음에는 자유와 평화 가득합니다.
③ 하늘에서 지옥까지 굽어 살피며 가엾은 중생 위해
④ 감로 법문 내리시어 널리 모든 중생 제도하십니다.

① 한량 없는 오랜 세월을 허송하며 지냈었구나.
② 탐진치 가득하여 온 우주가 암흑에 휩싸여
③ 부처님이 출현하시기만 기다리는데
④ 지옥은 늘어만 가고 하늘나라에 태어나는 이는 아예 없구나.

① 부처님의 바른 법 듣지 못하고 잘못된 일만 행하니
② 즐겁다는 생각조차 잊어버리고 나쁜 인연만 가득하구나.
③ 올바른 생각, 행위 알지 못하며 삼악도에 빠져 있는 중생에겐
④ 부처님의 교화, 가뭄의 단비처럼 그립습니다.

① 세상의 옳고 그름 바로 아시는 부처님이시여
② 멋모르는 중생을 어여삐 여겨 오랜만에 이 땅에 출현하시니

③ 유정이나 무정이나 모든 존재에 크나큰 축복입니다.
④ 저희들 기뻐하고 찬탄하오며 일체 모든 중생도 한 뜻입니다.

① 광명으로 장엄한 저희들 궁전
② 이제 부처님께 바치오니 어여삐 여기시어 받아 주소서.
③ 이 공덕 모든 생명에게 두루 미치어 함께 성불하기 원하옵니다.
④ 모든 중생 원하오니 무량 겁 닦고 익힌 미묘한 법을 널리 펴소서.

[7-9] 이 때 대통지승여래는 시방 모든 범천왕과 십육 왕자의 청을 듣고 사제법과 십이연기법의 법문을 세 번이나 연설하였다. 내가 이제 너희들을 위하여 다시 설할테니 잘 듣도록 하여라.

'이것은 고(苦)이며, 이것은 고의 원인(集)이며, 이것은 고의 멸함(滅)이며, 이것은 고를 없애는 도(道)이다.'
이어서 십이연기법을 설하였으니, '무명으로 말미암아 행위의 형성력(행)이 생기고, 행위의 형성력으로 말미암아 재생의 식(식)이 생기고, 재생의 식으로 말미암아 영혼과 육체의 결합(명색)이 생기고, 영혼과 육체의 결합으로 말미암아 여섯 가지 감각 기관(육입)이 생기고, 여섯 가지 감각 기관으로 말미암아 접촉(촉)이 생기고, 접촉으로 말미암아 느낌(수)이 생기고, 느낌으로 말미암아 갈애(애)가 생기고, 갈애로 말미암아 취가 생기고, 취로 말미암아 유가 생기고, 유로 말미암아 태어남(생)이 생기고, 태어남으로 말미암아 늙음과 죽음(노사), 슬픔과 근심이 생기게 된다.
무명이 멸하면 행위의 형성력이 멸하고, 행위의 형성력이 멸하면 식이 멸하고 이와 같이 역으로 계속하여 태어남이 멸하고, 태어남이 멸하면 늙음과 죽음, 슬픔

과 근심이 멸하게 된다.'

대통지승여래가 하늘, 사람들에게 이 법을 설하였을 때, 육백만억 나유타 사람들이 모든 것에서 집착을 버리고 이 법을 듣고 믿은 까닭에 모든 번뇌에서 벗어나 해탈을 얻었으며, 깊고 묘한 선정과 세 가지 밝음과 여섯 가지 신통을 얻었으며, 여덟 가지 해탈을 갖추었다. 두 번째, 세 번째, 네 번째 설하실 때에도 천만억 나유타(천억) 겐지즈 강의 모래만큼 많은 나유타 중생들이 모든 것에서 집착을 버리고 듣고 믿은 까닭에 모든 번뇌에서 벗어나 해탈을 얻었으니, 이로부터 성문들의 수가 가히 헤아릴 수 없을 만큼 많아졌다.

이 법문을 듣고 십육 왕자와 전륜성왕이 데리고 온 많은 대중도 출가하여 수행자가 되었다. 십육 왕자는 부처님께 말씀드렸다.

"부처님이시여, 여기 있는 일천만억 성문들은 이미 아라한과를 성취하였습니다. 저희들을 위하여 위 없는 바른 깨달음을 설하여 주십시오. 저희들이 목숨을 걸고 닦고 배우겠습니다."

【7-10】 대통지승여래께서는 십육 왕자의 청을 받아들여서 이만 겁이 지나고 나서 대중들에게 이 대승경을 설하시니 이름은 묘법연화경이었다.
부처님은 팔천 겁 동안 계속해서 이 경을 설하셨고, 경을 다 설하신 후 고요한 방에 들어가 팔만사천 겁을 선정에 들었다. 이 때 십육 왕자는 부처님께서 선정에 드심을 알고 각각 법좌에 올라가 팔만사천 겁 동안 대중들을 위하여 이 묘법연화경을 설하였다. 육백만억 나유타 겐지즈 강의 모래만큼 많은 중생들이 이 법을 듣고 위 없는 바른 깨달음을 이루겠다는 서원을 하게 하셨다.
팔만사천 겁이 지나서 대통지승여래가 삼매에서 깨어나 법좌에 편안히 앉으시고 대중들에게 말씀하셨다.

"이 십육 왕자는 매우 드물게 뛰어났다. 이목구비가 뚜렷하고 지혜로우며, 일찍이 한량 없는 천만억 부처님께 공양 올리고 모든 부처님 처소에서 항상 청정범행을 닦으며 수행정진 하였다. 그들은 부처님의 지혜를 받아 지니고 중생에게 보여 주어 중생으로 하여금 지혜를 체득하게 하였다. 만약 성문이나 벽지불이나 보살들이 십육 왕자가 설하는 이 묘법연화경을 믿고 그에 따라 수행한다면 마땅히 위 없는 바른 깨달음을 성취하게 될 것이다."

또한 부처님께서는 수행자들을 둘러보며 다음과 같이 말씀하셨다.

"이 십육 왕자는 묘법연화경을 즐겨 설했다. 이 경을 들은 수 많은 중생은 왕자를 따라 세세생생 수행을 멈추지 않고 지금도 왕자와 함께 깨달음을 성취하려고 애 쓰고 있다.

【7-11】수행자들이여, 십육 왕자들은 모두 위 없는 바른 깨달음을 성취하여 지금 현재 시방 국토에서 법을 설하고 있으며 한량 없는 백천만억 보살과 성문들이 그를 따라 수행하고 있다.

그 중 두 왕자인 아촉여래와 수미정여래는 부지런히 수행 정진하여 동방 세계에서 성불하였다. 또 두 왕자인 사자음여래와 사자상여래는 부지런히 수행 정진하여 동남방 세계에서 성불하였다. 또 두 왕자인 허공주여래와 상멸여래는 부지런히 수행 정진하여 남방 세계에서 성불하였다. 또 두 왕자인 제상여래와 범상여래는 부지런히 수행 정진하여 서남방 세계에서 성불하였다. 또 두 왕자인 아미타여래와 도일체세간고뇌여래는 부지런히 수행 정진하여 서방 세계에서 성불하였다. 또 두 왕자인 다마라발전단향신통여래와 수미상여래는 부지런히 수행 정진하여 서북방 세계에서 성불하였다. 또 두 왕자인 운자재여래와 운자재왕여래는 부지런히 수행 정진하여 북방 세계에서 성불하였다.

나머지 두 왕자인 괴일체세간포외여래와 나 석가모니여래는 부지런히 수행 정진하여 동북방 세계에서 성불하였으니 이 사바 국토에서 위 없는 바른 깨달음을 이루었다.

이 경전을 듣지 못한 성문이나 보살이 있어 자신이 도달한 경지가 위 없는 바른 깨달음이라고 착각할 수도 있다. 만약 이러한 성문이나 보살이 있다면 내가 열반에 들어 다른 세계에 있더라도 이 경을 보고 듣고 따라 수행하도록 하여 진정한 위 없는 바른 깨달음에 들게 할 것이다.

수행자들이여, 잘 들어라. 성문이나 보살의 성취는 최상의 깨달음이 아니라 최상의 깨달음을 성취하기 위한 방편으로 말한 것임을 알아야 한다. 오직 일불승만이 진정한 열반에 드는 것이며, 위 없는 바른 깨달음을 이루는 것이다.

수행자들이여,

여래가 깊은 선정에 들어 헤아려 보니 여래께서 열반에 들 시기에 이르렀고 또 대중들이 청정하여 믿고 이해함이 견고하며 공의 이치를 철저히 깨달아 깊은 선정에 들어있을 때, 성문이나 보살들은 이승으로는 진정한 열반에 들 수 없으며 오직 일불승으로만 진정한 열반에 들 수 있음을 알아야 한다.

【7-12】 수행자들이여, 여래는 중생들이 소승법을 좋아하며 오욕에 탐착하는 중생들의 근기를 잘 알고 있기 때문에 방편으로써 성문이나 보살이 열반이라고 말하는 것을 그들이 그대로 믿고 따르는 것이다.

이제 비유를 들어 말할테니 잘 이해하도록 하여라.

(제 4 화성의 비유)

세상에서 가장 귀한 보물이 히말라야 산 꼭대기에 있

다는 소문이 온 나라에 퍼졌다. 많은 사람이 안내자를 따라 히말라야 산 입구까지는 무사히 왔지만 산의 중턱쯤 올라가자 길이 매우 험하고 몸이 피로하고 지치게 되자 많은 사람이 중도에 포기하려고 하였다.
그들은 안내자에게 말했다.
"우리는 피로하고 지쳤으며 무서워서 더 이상 갈 수 없습니다. 여기서 되돌아 갈까 합니다."
안내자는 보물이 눈 앞에 있는데 여기서 그만 두려고 하는 그들이 불쌍하여 방편으로써 도중에 성을 하나 만들어 놓고 그들에게 말했다.
"그대들은 무서워하지 말며 되돌아 가려고도 하지 말라. 바로 눈앞에 큰 성이 있으니 거기까지만 가면 편안히 쉴 수 있으며, 그 곳에 머물러도 좋다."
이 때 피로에 지친 사람들은 크게 기뻐하며 안내자를 따랐다. 얼마 가지 않아서 실제로 화성이 눈앞에 나타났다. 그들은 화성에 들어가서 편안한 마음으로 쉬었다. 며칠이 지나자 안내자는 방편으로 만들었던 성을 없애고 그들에게 말했다.

"그대들이여, 어서 가자. 이제 보물이 있는 곳이 멀지 않다. 조금 전에 있었던 성은 쉬어가기 위하여 신통으로 만든 것이다."

【7-13】수행자들이여, 여래도 저 안내자와 같은 것이다. 중생이 생사의 길을 벗어나 해탈의 세계에 이르는 것은 매우 힘들고 어려운 것인 줄 여래는 알고 있다. 중생은 일불승만 들으면 부처가 되는 길은 멀고 아득하며 오래오래 닦고 힘써야 이룰 수 있다는 생각에 아예 마음을 내지 않는 경우가 많다. 그래서 부처님은 근기가 약한 중생을 위하여 방편으로써 중도에 두세 가지 열반을 만들어 놓고 그 경지에 다다르면 화성을 만들어 보물을 얻게 한 안내자처럼 다시 일불승을 설하여 위 없는 바른 깨달음에 이르도록 하는 것이다.

수행자들이여,

성문이나 보살은 우리가 추구하는 목적지가 아니다. 이제 위 없는 바른 깨달음이 가까이 있다. 선정에 들어 깊이 관조하고 헤아려 보라. 일불승에 도달하기 위하여 방편으로써 성문이나 연각이나 보살의 삼승을 말했을 뿐 내가 너희들에게 말하는 것은 저 지혜로운 안내자와 같이 방편일 뿐이다.

부처님께서 이 뜻을 거듭 펴시려고 게송으로 말씀하셨다.

① 십 소겁 동안 선정에 들었던 대통지승여래가 부처 이루니

② 그의 아들 열여섯 명 어머니 허락 받고 출가하였네.

③ 수 많은 대중은 부처님을 찾아와 위 없는 법문을 청하며

④ 부처님의 처소에서 수행정진하여 도를 구하네.

【7-14】① 동방의 오백만 억 국토에 있는
② 범천왕의 궁전을 밝게 비추니
③ 범천왕이 상서를 보고 부처님 계신 곳을 찾아
④ 하늘 꽃 뿌려 공양하고, 궁전을 받들어 공양 올리네.

① 남서북방 상방 하방 모두 그러해
② 꽃 뿌려 공양하고, 궁전 받들어 공양올리며
③ 뵈옵기 어려운 부처님이시여, 자비하신 원력으로
④ 감로 법을 설하여 위 없는 법륜 굴리소서.

① 선정에서 깨어난 부처님께서
② 고집멸도 사성제 무명 노사 십이연기 온갖 법을 설하니
③ 육백만억 나유타 중생과 그 후에도 수 없이 많은
④ 중생 모든 괴로움 벗어나 아라한도를 이루었네.

① 출가한 열여섯 왕자 수행자들이
② 대승법 설하시라고 부처님께 간청하네.
③ 저희들과 여러 대중의 유일한 바램은
④ 부처님처럼 부처 이루고자 하는 소원 뿐입니다.

① 출가한 열여섯 아들 위 없는 바른 깨달음을 성취하려고
② 목숨 걸고 용맹 정진하며 끝없이 수행하네.
③ 부처님께서 아이들의 마음과 전생에 수행한 공덕을 아시고
④ 대승법인 법화경을 설하시니 모든 국토가 기쁨으로 진동하네.

① 부처님 경전을 설하신 뒤 고요한 방에서 선정에 들어
② 팔만사천 겁 동안 그대로 고요히 앉아 계시네.
③ 부처님 열반에 드신 뒤 열여섯 명의 수행자들은

④ 이 대승법을 설하여 끝없이 중생을 제도하네.

【7-15】① 부처님 열반하신 뒤 이 법문을 들은 중생
② 그 공덕으로 항상 부처님 계신 곳에 태어났으며
③ 열여섯 명의 수행자들은 부지런히 불도를 행하여
④ 시방 세계에서 각각 부처를 이루었네.

① 그 열여섯 명 중의 하나이던 나 석가모니도
② 이제 너희들에게 바른 법을 설하여
③ 방편으로 이끌어
④ 궁극에는 부처의 세계로 인도하느니라.

① 내가 지금 비유를 들어 얘기 하리다.
② 세상에서 가장 귀한 보물이 험난하고 위험한 히말라야 산 꼭대기에 있으니,
③ 많은 사람이 안내자의 안내를 받으며 중턱에 다다

르자
④ 무섭고 피곤에 지쳐 중도에서 포기하려고 하네.

① 안내자 바로 눈앞에 방편으로 성을 하나 만들어 놓고
② 그대들이여 포기하지 말라 바로 눈앞에 성이 하나 있으니
③ 그 곳까지만 가면 편안히 쉬고 즐길 수 있다고 말하는구나.
④ 그들은 화성에 도착하여 며칠 동안 편안하게 잘도 쉬었다.

① 편안하게 쉬고 나서 안내자 말하기를
② 이 성은 내가 신통으로 만든 가짜 성일 뿐
③ 우리가 가야 할 목적지는 조금만 더 가면 되네.
④ 그대들이 부지런히 조금만 가면 보물이 있는 곳에 가게 되리라.

【7-16】① 대중이여 잘 들어라. 나의 가르침도 그와 같아서
② 번뇌에 휩싸여 생사의 험한 길을 건너지 못하고
③ 중도에서 지쳐 있는 중생들 위해 방편으로 삼승을 말할 뿐이지
④ 진정한 바른 길은 위 없는 바른 깨달음 성취하는 일승뿐이네.

① 이제 진실을 설할 것이니 자세히 들어라.
② 너희들이 얻은 것은 참 열반이 아니네.
③ 크게 발심하여 삼십이 상 갖추고 참 열반에 들도록 하라.
④ 그것이 진정한 깨달음을 성취하여 부처를 이루는 것이네.

제 8 오백제자수기품

제 8 오백제자수기품

【8-1】 그 자리에 있었던 부루나는 부처님께서 지혜의 방편으로 근기에 따라 설하심을 들었고, 여러 제자에게 위 없는 바른 깨달음을 이룰 것이라는 수기를 주시는 것을 보았고, 숙세 인연의 이야기를 들었고, 부처님께서 신통과 방편으로써 중생을 교화하시는 것을 보았다.

마음이 맑고 편안해지며 가슴에 북받치는 환희로움을 주체하지 못하고 자리에서 일어나 머리를 조아려 부처님 발에 예배하고 물러가 자리로 돌아가며 다음과 같이 생각했다.

'부처님께서 하시는 일은 우리들의 생각으로는 여러가지 이해하기 어렵다. 중생의 성품과 근기에 따라 여러 가지 방편으로 법을 설하여 중생을 탐착에서 구해주었다. 우리의 능력으로 부처님의 공덕을 다 헤아릴 수

는 없지만, 부처님께서는 우리의 소원을 다 알고 계실 것이다.'

부처님께서는 부루나의 마음을 아시고 수행자들에게 말했다.

"너희들은 부루나를 보았느냐? 나는 그를 설법하는 사람 중에서 으뜸이라고 말하며, 그의 여러 가지 공덕을 찬탄하였다. 부루나는 부지런히 정진하여 진리를 실천하며, 널리 대중에게 보이며, 가르치며, 법을 잘 해석하여 이해시키며, 함께 수행하는 대중을 이롭게 하였다.

너희들은 부루나가 내 법만 지키고 도와준다고 말하지 말라. 과거 구십억 부처님 처소에서도 부처님의 바른 법을 받들어 지니고 부처님을 도와 교화하였으며, 그 때도 설법하는 사람들 중에서 으뜸이었다. 또한 부처님이 말씀하신 공한 법을 분명히 통달하여 네 가지 걸림이 없는 지혜를 얻었으며, 밝고 청정하며 조리에 맞게 설법하여 의혹이 없었으며, 목숨이 다 하도록 청정범행을 닦았으므로 그 당시 도반들이 '진정한 성문'이라고 칭찬하였다.

[8-2] 수행자들이여,
부루나는 또한 과거 칠 불 때에도 설법하는 사람들 중에서 으뜸이었으며, 지금 또한 설법하는 사람들 중에서 으뜸이며, 현겁 중에 나타날 부처님의 법을 설하는 사람들 중에서도 으뜸이 될 것이며, 부처님의 바른 법을 받아 지니고 대중을 교화할 것이며, 많은 대중으로 하여금 위 없는 바른 법을 성취하겠다는 마음을 내게 하며, 이러한 것들로 부처님의 나라를 장엄할 것이다.
부루나여,
잘 들어라. 너는 한량 없는 아승지 겁을 지나고 이 세계에서 위 없는 바른 깨달음을 성취할 것이며, 이름을 법명여래라 할 것이다.

그 때 이 나라 국토는 평탄하기가 손바닥 같으며 모든 것이 칠보로 장식되어 있으며, 하늘 궁전들이 가까운 허공에 있어서 하늘과 사람들이 서로서로 볼 수 있다. 이 나라의 백성들은 선량하고 겸손하여 지옥, 아귀, 아수라와 같은 삼악도에 떨어지는 자가 없으며, 모든 생명이 화생을 하여 탐심과 진심이 없어서 음욕도 없다. 모든 사람은 신통을 얻어 몸에서 빛이 나며 마음대로 날아다닐 수 있으며, 믿음이 견고하여 매일매일 부지런히 정진하고 지혜도 있어 삼십이 상으로 스스로를 장엄하고 있다.

그 나라 백성들은 법의 독송과 선정을 음식으로 삼아 살고 가고 있다. 신통과 네 가지 걸림 없는 지혜를 터득한 보살들이 무수히 많아 중생을 잘 교화하고 있으며, 육 신통과 삼 명과 팔 해탈을 얻은 성문들도 수 없이 많아 그 국토를 장엄하고 있다. 겁의 이름은 보명이며, 나라 이름은 선정이며, 부처님의 수명은 무량 아승지 겁이며, 정법도 오래 갈 것이다. 부처님이 멸도한 후에 부처님을 찬탄하며 기리는 칠보탑이 그 나라에 가득 찰 것이다."

【8-3】이 때 부처님께서 이 뜻을 거듭 펴시려고 게송으로 말씀하셨다.

① 수행자들이여, 잘 들어라.
② 부처님께서 불도를 행함에 있어
③ 방편법을 보이시는 것은
④ 불가사의한 대승법을 근기 따라 가르치기 때문이네.

① 소승을 좋아하는 성문승 연각승에게는
② 성문이나 연각의 몸으로 그들을 제도하며
③ 욕망을 자제하여 생사를 뛰어넘어
④ 결국에는 미래에 부처를 이루게 하노라.

① 설법을 잘 하는 부루나는
② 옛날부터 천억 부처님을 공양하며
③ 계율을 잘 지키며 부지런히 수행하여
④ 부처님 수제자로 불법을 널리 폈네.

① 현재나 미래에도 여러 가지 방편으로
② 두려움 없이 법을 설하며 불법을 수호하네.
③ 대승에 머무르게 하여 불국토를 깨끗하게 하여
④ 한량 없는 많은 중생 깨달음에 들게 하리라.

① 그리고 나서 법명이라는 이름으로 부처를 이룰 것이니
② 그 국토의 이름은 선정이며 겁의 이름은 보명이며
③ 수많은 보살은 큰 신통을 얻고 성문 대중들도 삼명과 팔 해탈을 얻고
④ 네 가지 지혜를 갖춘 이가 가득하리라.

① 그 세계의 중생들 화식으로 태어나 음욕이 없으며
② 그 나라의 백성들은 경전을 독송하며 선정으로 하루를 보내며
③ 그 나라에는 여인들이 없으며 지옥 아귀 축생이 없으며
④ 부루나는 지혜 자비 성취하여 이러한 정토를 얻느니라.

【8-4】이 때 부처님께서는 천이백 아라한들의 마음을 아시고 그들을 둘러보며 그들에게도 수기를 주셨다.
"이들 천이백 아라한에게도 지금 차례로 위 없는 바른 깨달음을 성취한다는 수기를 줄 것이니 잘 들어라. 이들 가운데 나의 큰 제자 교진여는 육만이천억 부처님께 공양 올리고 수행 정진한 후 성불할 것이며, 이름은 보명여래이다."
이어서 오백 아라한에게도 성불수기를 주셨다.

"우루빈나가섭, 가야가섭, 나제가섭, 가류타이, 우타이, 아누루타, 이바다, 겁빈나, 박구라, 사가타 등 오백 아라한 모두는 수 많은 세월을 끝없이 수행 정진하면 언젠가는 위 없는 바른 깨달음을 성취할 것이며, 이름은 보명이라 할 것이다."

① 교진여는 한량 없는 부처님께 공양 올리고
② 아승지겁을 지나 부처를 이루리라.
③ 항상 큰 광명을 놓고 몸은 신통이 구족하여
④ 명성이 시방에 퍼져 모든 이의 공경을 받으리라.

① 위 없는 도를 항상 설하여 이름을 보명이라 하며
② 국토는 평평하고 보살들은 모두 용맹하여
③ 시방 세계에 다니면서 모든 중생을 교화하네.
④ 부처님의 수명은 육만 겁이며 정법은 십이만 겁을 가네.

① 오백 아라한들도 끝없이 정진하여
② 다 같이 보명이라는 이름으로 부처를 이루리라.
③ 국토는 깨끗함으로 장엄되고 가는 곳마다 신통함 넘치네.
④ 부처님 수명은 육만 겁이며 정법은 십이만 겁을 가네.

【8-5】부처님께 수기를 받은 오백 아라한은 자리에서 일어나 앞으로 나아가 머리를 조아려 부처님의 발에 예배를 하고 참회의 눈물을 흘리며 말했다.
"부처님이시여, 저희들은 부끄러워 몸둘 바를 모르겠습니다. 저희들이 성취한 아라한과를 구경열반인 줄 착각하고 마음속에 교만심만 가득 채웠습니다."
(제 5 의리계주유의 비유)
부처님이시여, 비유하면 어떤 사람이 친구 집에 놀러 갔다가 술에 취하여 자고 있었습니다. 친구는 관청에 볼일이 있어 가면서 자고 있는 친구의 호주머니에 보배 구슬을 넣어 두었습니다. 술이 깬 친구는 고향으로 돌아가 어렵게 살았습니다. 오랜 세월이 흐른 뒤 두 친구는 다시 만났습니다. 궁하게 살고 있는 친구를 보며 "이 친구야, 내 그대를 위해 호주머니에 보배 구슬을 넣어 두었는데 어떻게 하여 아직도 궁색하게 살고 있느냐?" 하면서 전에 보배 구슬을 넣어 주었던 호주머니를 뒤져보니 보배 구슬이 그대로 있었습니다. "친구야, 지금도 늦지 않았네. 이 보배 구슬을 팔아 편하고 여유롭게 생활하도록 하여라."

부처님이시여, 저희들도 이와 같습니다. 부처님께서 주신 진정한 보배 구슬을 그냥 호주머니 속에 넣어두고 내 것을 진짜 보배 구슬인 줄 잘못 알고 있었음을 이제야 깨달았습니다. 저희들이 터득한 아라한도는 부처님께서 방편으로 설하신 것이며, 진정한 구경의 멸도가 아니라는 것을 이제야 알고 그 동안 자만하며 목숨을 걸고 수행정진 하지 않은 것을 진심으로 참회합니다.

부처님께서 주신 수기 진심으로 감사드립니다. 이 수기로 말미암아 오늘 저희들은 다시 태어난 것과 같습니다. 방편을 진실인 줄 알고 있던 저희들에게 방편이 방편임을 알게 하시고 진실에 눈을 뜨게 하셨습니다. 이제는 삼승이 방편인 줄 알았습니다. 진실한 것은 일불승 밖에 없음도 알았습니다.

부처님이시여,

저희들은 이 성불수기 인연으로 정말 기쁘고 감격스럽습니다. 진심으로 감사합니다.

[8-6] 아야교진여 등이 이 뜻을 거듭 펴려고 게송으로 말하였다.

① 저희들을 위하여 수기 주심에
② 한량 없는 기쁜 마음으로 예배올립니다.

③ 지금 부처님 앞에서 모든 허물 뉘우치고
④ 작은 것에 만족한 어리석음을 진심으로 참회합니다.

① 조그만 지혜에 만족한 저희들
② 친구 찾아간 가난한 사람 같습니다.
③ 부유한 친구는 가난한 친구를 극진하고 성대히 대접하고는
④ 가난한 친구가 자는 사이에 구슬 보배를 옷 속에 넣어 두었습니다.

① 가난한 친구는 옷 속의 보배를 알지 못하고 어렵게 살았습니다.
② 부유한 친구 이 모습 보고 옷 속의 구슬을 보여준 것은
③ 부처님의 수기 주심으로 저희들을 일깨워 주심과 같은 것이며
④ 이제야 부처님 바른 법 얻어 몸과 마음 기쁘기 한량없습니다.

제 9 수학무학인기품

제 9 수학무학인기품

【9-1】 "부처님의 제자들과 많은 아라한이 성불수기를 받았으니 나도 성불수기를 받는다면 얼마나 좋을까!" 하고 아난과 라후라가 똑같은 생각을 하였다.

아난과 라후라는 자리에서 일어나 부처님 앞으로 나아가 머리를 조아려 발에 예배를 올리고 부처님께 말씀드렸다.

"부처님이시여, 여러 제자와 많은 아라한이 지금 부처님으로부터 성불수기를 받았습니다. 저희들이 도달해야 할 목적지가 위 없는 바른 깨달음의 성취라는 것을 알았습니다. 이 자리에는 모든 세간의 하늘, 사람, 아수라들이 지켜보고 있습니다. 아난은 부처님의 시자가 되어 불법을 잘 수호하고 있으며, 라후라는 부처님의 아들입니다. 부처님께서 저희들에게도 성불수기를 주신다면 저희들의 소원은 이루어질 것이며, 여러 사람의 바램도 또한 만족스러울 것입니다."

그 때 배움이 있는 성문제자와 배움이 없는 성문제자 이천 명이 자리에서 일어나 오른쪽 어깨를 드러내고 부처님 앞으로 나아가 일심으로 합장하고 부처님을 우러러 뵙고는 아난과 라후라 곁에 머물러 있었다.

이 때 부처님께서 아난에게 말씀하셨다.

"아난이여, 그대는 미래세에 성불할 것이며, 이름을 산해혜자재통왕여래라 할 것이다. 육십이억 부처님께 공양 올리며 부처님의 바른 법을 수호하고 교화하고 난 후에 위 없는 바른 깨달음을 이룰 것이며 수 많은 보살을 교화하여 위 없는 바른 깨달음을 이루게 할 것이다.

나라 이름은 상립승번이며 겁의 이름은 묘음변만이며 부처님의 수명은 천만억 아승지 겁이며, 정법이 세상에 머무는 기간은 부처님 수명의 배가 되며 상법이 머무는 기간은 정법이 머무는 기간의 배가 될 것이며,

국토는 투명한 유리로 이루어져 있다."
부처님께서 이 뜻을 거듭 펴시려고 게송으로 말씀하셨다.

① 부처님의 법장을 수호하는 아난은
② 수많은 부처님께 공양 올린 뒤 산해혜자재통왕 부처가 되리니
③ 국토 이름은 상립승번이며 중생의 수명은 한량이 없네.
④ 겐지즈 강 모래만큼 많은 중생불도의 인연을 심으리라.

그 때 자리를 함께 한 새로 발심한 팔천 명의 보살들이 '우리도 아직 성불수기를 받지 못했는데 무슨 인연으로 저 성문들은 성불수기를 받는 것일까?'하고 생각하였다.

【9-2】 부처님께서는 보살들의 생각을 알아차리고 부처님과 아난과의 과거 인연을 말씀해 주셨다.

"과거 내가 수행자 시절에 아난과 함께 공왕불 처소에서 위 없는 바른 깨달음을 이루겠다는 원을 세웠다. 아난은 항상 법을 듣기를 좋아하였고, 나는 부지런히 수행정진하기를 좋아하였다. 수행정진한 공덕으로 나는 이미 성불하였고, 법을 듣기를 좋아한 아난은 그 공덕으로 지금도 나의 법을 수호하고 교화하고 있으며, 미래세에도 여러 부처님의 법을 수호하고 교화하면서 많은 대중이 위 없는 바른 깨달음을 이루겠다는 서원을 세우게 할 것이다. 그의 본래 서원이 그러하므로 이런 수기를 주는 것이다."

아난은 부처님께서 수기 주심을 듣고 기뻐하며 과거세의 수 많은 부처님의 법을 들었던 것이 순간적으로 되살아나 그 법들을 통달하게 되었다. 그리고 자신의 본래 서원도 알게 되었다. 아난은 감격하여 게송으로 부처님을 찬탄하였다.

① 거룩하십니다. 부처님이시여
② 과거세의 수 많은 부처님에게 들었던 법을 생생하게 기억나게 하시니
③ 다시는 의혹이 없고 불법에 안주하게 되었으니
④ 방편으로 시자되어 부처님 법을 지킬 뿐입니다.

그 때 부처님께서 라후라에게 말씀하셨다.
"라후라야, 너는 미래세에 성불할 것이며, 이름을 도칠보화여래라 할 것이다. 수 많은 부처님께 공양 올리고 이 생과 같이 많은 부처님의 장자로 태어나 출가하여 수행 정진하며, 그 후에 위 없는 바른 깨달음을 성취하게 될 것이다."
부처님께서 이 뜻을 거듭 펴시려고 게송으로 말씀하셨다.

① 라후라는 내가 태자로 있을 때 장자이더니
② 오는 세상에도 수 많은 부처님의 장자로 태어나
③ 밀행을 행하며 도를 구하는 것은 수많은 중생의 귀감되리니
④ 한량 없는 공덕으로 결국에는 깨달음 성취하여 부처되리라.

【9-3】이 때 부처님께서는 아난과 라후라 곁에 머물러 있는 배움이 있고 배움이 없는 수행자 이천 명의 성문 제자들이 일심으로 합장하며 공경하는 그들의 마음을 아시고 아난을 쳐다보면서 말했다.
"아난아, 이 사람들은 오십 세계의 수 많은 부처님을 공양하고 공경하고 존중하며 법을 수호하고 수행정진하다가 마지막 시방세계에서 모두 견성성불 할 것이니 이름은 모두 보상여래라 할 것이다. 수명은 일 겁이며, 정법도 일 겁이 될 것이며, 많은 성문과 보살들

이 국토를 장엄하게 할 것이다."
부처님께서 이 뜻을 거듭 펴시려고 게송으로 말씀하셨다.

① 지금 내 앞에 있는 이천 성문에게 성불 수기를 주리라.
② 수 없이 많은 부처님께 공양 올리고 법장을 수호하다가
③ 여러 국토에서 한꺼번에 보상이라는 이름으로 부처 이루니
④ 모든 국토의 한량 없이 많은 중생 환희하며 기뻐하네.

제 10 법사품

제 10 법사품

【10-1】 이 때 부처님께서는 약왕보살을 중심으로 서 있는 팔 만 보살에게 말씀하셨다.

"약왕보살이여,

이 대중 가운데 있는 수 많은 하늘, 용왕, 야차, 건달바, 아수라, 가루라, 마후라가, 사람, 사람 아닌 이와, 출가 수행자들과 재가 수행자들을 보라.

그들은 성문이 되기를 원하기도 하고, 벽지불이 되기를 원하기도 하고, 보살이 되기를 원하기도 하고, 부처가 되기를 원하기도 한다. 부처님 앞에서 이 묘법연화경의 한 게송이나 한 구절이라도 들은 사람에게는 성불의 수기를 줄 것이니, 그대들은 언젠가는 위 없는 바른 깨달음을 성취하여 부처가 될 것이다.

그대들은 바른 생각으로 바른 삶을 이루어 하루 빨리 묘법연화경과 인연이 되도록 하여라.

또 여래가 멸도한 후에 어떤 사람이 있어 이 묘법연화경의 한 구절이라도 듣고 기뻐하는 사람이 있다면 그에게도 성불 수기를 줄 것이니, 그들도 또한 위 없는 바른 깨달음을 성취할 것이다.

또 어떤 사람이 묘법연화경의 한 구절이라도 받아 지니고 읽고 외우고 해설하고 쓰거나, 이 경전을 부처님처럼 공경한다면 이 사람들은 이미 십만억 부처님에게 공양을 올린 것과 같다.

약왕보살이여,

또 어떤 사람이 '어떤 중생이 오는 세상에 견성성불 하겠느냐?'고 묻는다면, 위와 같은 사람이 오는 세상에 반드시 성불한다고 하라. 왜냐하면 묘법연화경의 한 게송이나 한 구절이라도 받아 지니고 읽고 외운 사람은 이미 위 없는 바른 깨달음을 성취하겠다는 마음을 낸 사람이기 때문이다. 또한 이러한 보살들 중에는 이미 위 없는 바른 깨달음을 성취하였지만 중생을 불쌍히 여겨 그들에게 하루라도 빨리 진리의 세계로 나아가도록 길잡이가 되기 위하여 사람의 몸을 받아 그들 속에서 그들을 교화하고 있는 것이다.

[10-2] 약왕보살이여,
만약 어떤 사람이 묘법연화경을 읽고 외우는 것을 방해한다면 그는 틀림없이 무간지옥에 떨어져 지옥 중생이 될 것이다.
약왕보살이여,
만약 묘법연화경을 읽고 외우는 사람이 있다면 이 사람은 부처님의 장엄함으로써 자신을 장엄하게 하는 것과 같으며, 여래를 수호하는 호법 신장들이 어떠한 상황에서도 이 사람을 지켜줄 것이다. 또한 이 사람에게 부처님께 예배 올리는 것과 같이 공경하고 예배를 올려라. 왜냐하면 묘법연화경을 한 구절이라도 읽거나 외운 사람은 이미 위 없는 바른 깨달음을 성취하겠다고 마음을 낸 사람이기 때문이다.
부처님께서 이 뜻을 거듭 펴시려고 게송으로 말씀하셨다.

① 부처의 도에 들고자 자연의 이치를 터득하려고 하면
② 묘법연화경 받아 지니는 이를 부지런히 공양할 것이며
③ 누구든지 위 없는 바른 깨달음 이루고자 하면
④ 묘법연화경을 받아 지니고 읽고 외우고 쓰고 하여라.

① 이 묘법연화경 받아 지니는 이는
② 중생을 가엽게 여기는 부처님의 심부름꾼
③ 그는 청정한 국토 마다하고 중생 위해 사바세계에 태어나네.
④ 또한 나쁜 세상에서 위 없는 법을 널리 설하느니라.

① 법화경 외우고 해설하여 중생을 교화하는 이에게
② 하늘 꽃 하늘 향 천상의 옷으로 공양할지니
③ 열반한 뒤 나쁜 세상에서 이 경전을 지니는 이는
④ 합장하고 공경하기를 여래에게 하듯이 하라.

【10-3】 ① 일 겁 동안 나쁜 마음을 품고 부처님을 훼방한 죄보다
② 잠깐 동안 법화경을 읽고 지니는 이를 비방한 죄가 더 크며
③ 어떤 사람이 불도를 구하려고 일 겁 동안 찬탄한 공덕보다
④ 이 경전을 지니고 찬탄한 공덕이 더욱 크니라.

① 가장 훌륭한 빛과 소리와 향기와 맛과 접촉으로
② 이 경전을 지니는 이를 공경하고 찬탄하여라.
③ 이 경전의 한 구절이라도 얻어 들으면

크나큰 이익 얻게 되며
④ 내가 설한 모든 법문 중에 이 묘법연화경이 으뜸이니라.

"약왕보살이여,
잘 들어라. 내가 이제까지 설한 경전도 수 없이 많으며 앞으로 설할 경전도 수 없이 많지만 그 중에 이 묘법연화경이 가장 믿기 어렵고 이해하기 어려운 경전이다.
약왕보살이여,
이 경전은 여러 부처님의 비밀스러운 중요한 법장이니 함부로 가르치고 전하지 말라. 옛날부터 여러 부처님께서도 한 번도 드러내 놓고 가르치신 적이 없었다. 이 경전은 부처님이 계실 적에도 원망과 질시가 많았고 부처님께서 멸도 하신 후에는 더욱 심할 것이다.
약왕보살이여,

여래가 열반한 뒤 어떤 사람이 이 경전을 읽고 외우고 쓰고 지녀, 다른 사람에게 말해 주어 위 없는 바른 깨달음을 성취하겠다는 마음을 내게 한다면 그 공덕은 가히 헤아릴 수 없다. 그에게는 부처님의 위신력이 충만하여 어떠한 상황에서도 어려움 없이 하고자 하는 일을 이룰 수 있는 힘이 있다.

약왕보살이여,

이 경전이 설해지는 곳이나, 이 경전이 있는 곳에는 칠보탑을 쌓아 장엄하게 꾸미지만 사리탑은 쌓지 않아도 좋다. 왜냐하면 이 경전 속에는 여래의 진실한 뜻이 있기 때문에 사리탑과 같은 것이다.

그러므로 어떤 사람이 경전을 보거나 이 칠보탑에 예배하면 그 공덕으로 위 없는 바른 깨달음을 성취하겠다는 마음을 내게 할 것이다.

【10-4】 약왕보살이여,

세속에 있거나 출가하여 수행자가 되었거나 이 경전에 의지하면 위 없는 바른 깨달음을 성취할 수 있음을 명심하여라. 이 경전을 받아 지니는 것만으로도 이미 도의 반은 이루어진 것이다.

약왕보살이여,

어떤 사람이 물을 구하려고 우물을 판다고 하자. 마른 흙이 자꾸 나오면 물줄기가 아직 멀리 있음을 알 것이며, 쉬지 않고 파 내려 가면 젖은 흙이 나오고, 점점 더 파서 진흙이 나오면 물줄기에 가까운 줄을 알 것이다. 이와 마찬가지로 보살이 성불하기 위하여 수행정진을 하고 있을 때 묘법연화경을 한 번도 보지 못한 것은 성불이 아직 멀리 있는 줄 알아야 하며, 이 경전을 받아 지니고 읽고 외우고 이해했다면 성불이 가까웠음을 알 것이다.

이 경전은 방편으로써 진리의 문을 열어 보이는 것이니 경전의 본래 뜻은 깊고 심오하여 어느 누구도 쉽게 알 수 없지만 이제 부처님께서 보살들을 교화하고 위 없는 바른 깨달음을 성취하게 하기 위하여 이 경전을 열어 보이는 것이다.

약왕보살이여,

만약 보살이 이 경전을 듣고 놀라 의심하고 두려워 한다면 이는 새로 발심한 보살이며, 성문이 이 경전을 듣고 놀라 의심하고 두려워 한다면 이는 잘난체 하는 성문인 것이다.

어떤 수행자가 여래가 멸도한 후 대중들을 위하여 이 경전을 설할 때 어떻게 해야 바르게 설하는 것인지 말 할 테니 잘 들어라. 수행자는 여래의 방에 들어가 여래의 옷을 입고 여래의 자리에서 이 경전을 설해야 하는 것이다. 그렇지 않을 때는 지옥고를 면하지 못할 것이다.

여래의 방은 모든 생명을 불쌍히 여기는 대자비한 마음이며, 여래의 옷은 탐욕과 진심을 떨쳐 버린 부드럽고 화평한 마음이며, 여래의 자리는 법의 공한 이치를 터득한 마음이다. 이러한 마음으로 이 경전을 말해야 부처님의 뜻을 바르게 받드는 것이다.

【10-5】약왕보살이여,
어떤 사람이 이 경전을 진실로 이해하고 있다면 사바세계에 있더라도 그 사람 주위에는 이 경전을 듣기 위하여 대중들이 모이며, 심지어 지옥세계에 간다 하더라도 부처님의 위신력으로 이 경전을 듣고 발심하는 지옥중생이 있을 것이다. 알겠느냐?"
부처님께서 이 뜻을 거듭 펴시려고 게송으로 말씀하셨다.

① 어떤 사람이 게으른 생각 가지고는
② 이 경전 듣기 어렵고 믿고 지니기는 더욱 어렵네.
③ 약왕보살이여, 마땅히 알라.
④ 법화경 듣지 못하고는 깨달음을 성취할 수가 없다.

① 어떤 사람이 물이 필요하여 우물을 팔 때
② 점점 파서 진흙이 나오면 물줄기가 가까워졌음을 아는 것처럼
③ 깨달음을 위하여 수행 정진할 때 이 묘법연화경을 듣고 지니게 되면
④ 이 사람은 위 없는 바른 깨달음에 가까워졌음을 알라.

① 어떤 사람이 이 경전을 설할 때는 여래의 방에 들어가
② 여래 옷을 입고 여래 자리에 앉아 대중에게 설해야 할 것이다.
③ 자비심이 여래의 방이며 부드럽고 편안한 것이 여래의 옷이며
④ 공한 진리는 여래의 자리이니 여기에 앉아 법을 설하라.

① 이 경전을 설할 때 어떤 사람이 욕설하고 돌을 던져도
② 부처님 생각하며 참고 또 참아라.
③ 나도 이러한 상황 모두 이겨내고
④ 결국에는 부처되어 끝없이 중생을 제도하노라.

① 이 경전을 설하는 법사를 어떤 사람이 악한 마음을 먹고
② 칼이나 돌로 해치려 하면 신장이 나타나 그를 보호할 것이며
③ 외딴 곳에서 홀로 법을 설하게 될 때도 천신 용 야차
④ 귀신들이 나타나 법을 듣는 대중이 될 것이다.

제 11 견보탑품

제 11 견보탑품

【11-1】 그 때 부처님 앞에 높이가 오백 유순이나 되며 가로 세로가 이백오십 유순이나 되는 칠보탑이 솟아올라 공중에 머물러 있었다. 갖가지 보물로 장엄하게 장식되어 있었으며 사방에는 다마라발전단향기가 가득하였다. 삼십삼 천의 하늘나라에서는 꽃비를 내려 칠보탑에 공양하며, 용과 야차, 건달바와 아수라, 가루나와 긴나라, 마후라가와 사람, 그외 다른 중생이 모두 칠보탑을 공양하며 공경하며 예배하며 찬탄하였다. 그 때 칠보탑 속에서 석가모니부처님을 찬탄하는 큰소리가 들렸다.

"훌륭하고, 훌륭하십니다! 석가모니 부처님께서 평등한 지혜로 보살을 가르치는 법이며, 모든 부처님이 호념하시는 묘법연화경의 가르침을 대중에게 설하시니 정말 장엄합니다. 석가모니 부처님께서 설하는 것은 모두 진실 합니다."

이 때 사부대중들은 공중에 솟아 있는 칠보탑 속에서 나오는 소리를 듣고 기쁨과 감격으로 가슴이 벅차 올랐다. 자리에서 일어나 일심으로 합장공경을 하면서 옆으로 물러나 있었다. 대요설보살이 대중들 중에서 사람, 아수라등이 의심함을 알고 부처님께 여쭈었다.

"부처님이시여, 무슨 인연으로 칠보탑이 땅에서 솟아 올랐으며, 그 속에서 거룩한 음성이 나옵니까?"

부처님께서 대요설보살에게 말씀하셨다.

"이 칠보탑 속에는 부처님의 전신이 있기 때문이다. 옛적에 동방으로 천만억 아승지 세계를 지나 보정이라는 나라가 있었는데 그 곳에 다보여래께서 머물고 계셨다. 다보여래께서 보살도를 행하실 때 이 묘법연화경을 보시고 크게 기뻐하셨다. 그래서 '내가 성불하였다가 열반에 든 뒤에도 묘법연화경을 설하는 곳이 있으면 어디라도 칠보탑을 나타나게 하여 찬탄하며 이 칠보탑으로 인하여 깨달음에 대한 믿음을 내게 할 것이다.' 라고 서원을 세우셨다."

【11-2】다보여래께서는 성불하였다가 열반에 드실 때 수행자들에게 '내가 열반한 뒤 나의 전신에 공양하려거든 탑을 세워 장엄하라. 그러면 내가 탑이 있는 곳에 출현하여 아무리 말세라도 깨달음에 대한 믿음을 가지게 할 것이다.' 라고 말했다.
이 인연으로 다보여래의 신통과 원력으로 우주의 어느 곳에서나 묘법연화경을 설하는 이가 있으면 칠보탑이 그 앞에 솟아나 찬탄하는 것이다.
부처님께서는 대요설보살과 모든 대중이 다보여래를 한 번 뵙기를 원하는 것을 아시고 대요설보살에게 "대요설보살이여,
다보여래께서는 후세의 대중들이 너와 같은 생각을 할 것을 아시고 '시방세계에서 묘법연화경을 설하고

계시는 부처님의 분신들을 한 곳에 모으면 그 곳에 내 몸을 나타낼 것이다.'라고 서원하셨다.

"부처님이시여,
저희들도 이제 부처님의 분신 부처님들을 뵈옵고 예배하고 공양 올립니다. 저희들의 소원이 이루어지기를 원하옵니다."

이 때 부처님께서 미간 백호상으로 한 광명을 놓으시니 동방으로 오백만억 나유타 겐지즈 강의 모래만큼 많은 국토에 계시는 부처님들이 보였다. 국토의 모든 땅은 투명한 보석으로 장엄하게 빛나고, 나무와 옷들도 보석으로 장엄하게 빛나고 있었으며, 천만억 보살들이 불법을 전파하고 정진하면서 국토를 장엄하게 빛내고 있었다.

남방, 서방, 북방과 네 간방과 상, 하방에도 백호상의 광명을 놓으시니 모두 동방과 같았다.

【11-3】이 때 시방의 여러 분신 부처님이 보살들에게 말했다.

"보살들이여,

나는 지금 석가모니부처님이 계시는 사바세계로 가서, 다보여래 칠보탑에 공양할 것이다."

이 때 사바세계는 맑고 깨끗하고 투명한 유리로 된 세계로 변하였으며, 그 곳에 있는 하늘이나 사람들도 부처님의 위신력으로 모두 위 없는 바른 깨달음을 성취하겠다는 원력을 세워 한 순간에 모두 보살이 되었다.

시방세계에 흩어져 법을 설하고 계시는 분신 부처님들이 한 곳에 모여드니 정말 장관이었다.

삼천대천 세계는 부처님으로 가득하였다.

전무후무한 일이 기사굴산에서 펼쳐지고 있었다. 높이가 오백 유순이나 되는 보배 나무들이 가득하였고, 그 보배 나무 아래에는 오백 유순이나 되는 사자좌가 놓여 있었다. 모든 분신 부처님은 이 사자좌에 가부좌

하고 앉으셨다.

이 위신력으로 국토는 모두 유리로 변하여 좋고 나쁜 것이 없어졌으며, 나무는 갑자기 꽃을 피우고 열매를 맺는 등 시간의 개념이 없어졌으며, 석가모니 부처님 앞에 펼쳐져 있는 조그마한 공간에는 수억만이나 되는 분신 부처님이 들어와 앉았는데 조금도 비좁지 않았다. 그리고 또 지옥 아귀 축생 아수라 사람 하늘을 육도 윤회하는 모든 중생이 위 없는 바른 깨달음을 성취하겠다는 원력을 세워 보살이 되었다. 이 인연으로 시방세계가 모두 불국토가 되었다.

[11-4] 석가모니 부처님께서는 여러 분신 부처님을 앉으시게 하려고 팔 방에 각각 이백만억 나유타 세계를 변화시켜 모두 청정하게 하였다.
그 나라에는 지옥, 아귀, 축생, 아수라가 없었으며, 보살들이 가득하였다. 땅은 유리로 되어 투명하였으며

거리에는 높이가 오백 유순이나 되는 보배 나무로 장엄되었다. 보배 나무 아래에는 높이가 오백 유순이나 되는 사자좌가 놓여 있었다.

바다와 강은 평탄하였으며, 목진린타산이나 철위산이나 수미산 같은 높고 큰 산이 없고 평평하여 전체가 통일된 하나의 불국토를 이루고 있었다.

이 때에 동방의 십만억 나유타 겐지즈 강의 모래만큼 많은 국토에 계시며 법을 설하던 석가모니 부처님의 분신 부처님들이 나타나서 보배 나무 아래의 사자좌에 앉으셨다.

차례로 시방 세계의 분신 부처님들이 다 모여들어 팔방에 앉으셨다. 모여든 모든 분신 부처님은 석가모니 부처님께 문안 드리고자 시자들을 기사굴산으로 보내며 다음과 같이 말씀하셨다.

"선남자여, 석가모니 부처님께 나아가 '병환이 없으시고, 번뇌가 없으시고, 편안하시며, 보살 성문 대중들도 모두 편안하십니까? 저의 부처님께서는 석가모니 부처님과 함께 이 칠보탑을 열고자 합니다.'라고 여쭈어라."
시자들은 석가모니 부처님께로 나아가 게송으로 문안을 드렸다.

① 석가모니 부처님이시여!
② 병환이 없으시고 번뇌가 없으시고 편안하시며
③ 보살 성문 대중들도 모두 편안하십니까?
④ 칠보탑을 열어보는 것이 저희들의 소원입니다.

이 말을 들은 석가모니 부처님께서는 삼매에서 깨어나 공중에 올라가 머무시었다. 모든 사부대중은 일어서서 합장하고 일심으로 부처님을 공경하였다. 이 때 석가모니 부처님께서 오른 손가락을 튕기니 다보여래가 계시는 칠보탑이 서서히 열렸다.

【11-5】 칠보탑의 문이 열리니 그 속에 다보여래께서는 사자좌에 앉아 선정에 들어 계셨다. 허공에서 '거룩하도다. 거룩하도다. 석가모니 부처님이 묘법연화경을 설하심을 듣고자 여기 왔노라.'하시는 소리가 들려왔다. 이때 사부대중들은 과거 한량 없는 천만억 겁 전에 열반에 드신 다보 부처님께서 이렇게 말씀하심을 듣고 환희로움에 가슴이 벅차 올랐다.
갖고 있던 모든 것을 다보 여래와 석가모니 부처님전에 공양 올리며 부처님을 찬탄하였다. 다보 여래께서는 칠보탑의 사자좌에 반쯤 앉으시고 반을 비워 놓고 석가모니 부처님을 쳐다보셨다. 석가모니 부처님께서는 칠보탑 안으로 들어가서 다보여래 옆에 가부좌하고 앉으시어 대중들에게 말씀하셨다.
"이 사바세계에서 묘법연화경이 언제 설하여지는가? 지금이 바로 그 때이다. 여래는 오래지 않아 열반에 들 것이며, 앞으로 있을 깨달음을 위하여 지금 이 경을 설하려 한다."
부처님께서 이 뜻을 거듭 펴시려고 게송으로 말씀하셨다.

① 거룩하신 다보여래께서 열반하신 지 오래지만
② 보탑 안에 계시면서 법을 위해 이 사바에 오시거늘
③ 그런데 어찌하여 사람들은 깨달음 위해
④ 이 경전을 읽고 외우고 지니지 않는가?

① 다보여래 열반에 드신지 수억 겁이 지났지만
② 대승법 얻어 듣기는 정말로 어려워라.
③ 중생을 위한 다보여래의 끝없는 원력이
④ 이 묘법연화경이 설해지는 곳이면 어느 곳이든 출현하시네.

① 나의 몸을 나눈 한량 없는 분신 부처님

② 겐지즈 강의 모래 만큼 많은 사람 모두 와서 법을 듣고
③ 다보여래를 뵐려고 미묘한 국토의 수 많은 제자와
④ 하늘 사람 용 귀신 모두 지금 이 곳으로 몰려드네.

【11-6】① 보배 나무 아래 사자좌에 앉으신 부처님들
② 광명을 놓으시고 묘한 향기는 시방세계에 가득하네
③ 중생은 향기 맡고 기쁜 마음 억누를 수 없으니
④ 큰 바람이 세게 불어 작은 가지 누임과 같네.

① 이와 같은 방편으로 불법이 오래 동안 머물게 하시고
② 내가 열반한 뒤 누가 이 경전을 수호하고 독송하겠느냐?
③ 다보 부처님과 석가모니 부처님과
④ 여기 모인 분신 부처님은 그 뜻을 아시느니라.

① 다보여래 보탑 안에 계시면서 시방세계 다니심도
② 이 묘법연화경을 위함이며, 대중들이여, 큰 서원 세워라
③ 이 경전을 수호하는 것은
④ 나 석가모니와 다보 부처님께 공양함과 같느니라.

① 대중들이여 잘 생각하여 큰 서원을 세워라
② 수 많은 여러 경전 설하기도 어렵지만
③ 부처님 열반에 드신 뒤 나쁜 세상 가운데서
④ 이 묘법연화경을 설하는 것은 어렵고도 어렵네.

① 수미산 들어 올려 저쪽으로 옮기는 일
② 대천 세계 들어 올려 다른 국토로 던지는 일 어려운 일이지만
③ 부처님 열반에 드신 뒤 지옥과 같은 나쁜 세상 가운데서

④ 이 묘법연화경을 설하는 것은 어렵고도 어려운 일이네.

[11-7] ① 허공을 휘어 잡고 자유롭게 다니는 일
② 땅을 발등에 올려 범천까지 올라가는 일
③ 모두 모두 어려운 일이지만
④ 법화경을 읽고 지니고 설하는 일 이것이 가장 어려운 일이라네.

① 활활 타는 불 속에 마른 풀을 등에 지고
② 불 속에 들어가는 일 어려운 일이지만
③ 부처님 열반한 뒤 나쁜 세상 가운데서
④ 법화경을 읽고 지니고 설하는 일 이것이 가장 어려운 일이네.

① 경전을 듣고 여섯 신통을 얻게 하고

② 아라한 도를 얻게 하는 것도 어려운 일이네.
③ 처음부터 지금까지 여러 경전 설했지만
④ 그 많은 경전 중에 이 묘법연화경이 제일이네.

① 내가 열반한 뒤 이 묘법연화경을 지니는 일 더욱이 어렵구나.
② 아무리 말세라도 어떤 사람이 이 경전을 읽고 지닌다면
③ 위 없는 부처의 도 하루 빨리 얻으리라.
④ 그리고 하늘까지 공양할 것이며 천상과 천하의 눈이 되리라.

제 12 제바달다품

제 12 제바달다품

【12-1】 이 때 부처님이 모든 보살과 하늘과 사람과 대중에게 말씀하셨다.

"내가 옛날부터 한량 없는 겁 동안에 위 없는 바른 깨달음을 성취하기 위하여 최선을 다 하여 수행정진을 하였고, 비록 여러 겁 동안 국왕의 몸을 받았더라도 깨달음을 구하는 마음은 조금도 변하지 않았다. 보시, 지계, 인욕, 정진, 선정, 지혜의 육바라밀을 성취하기 위하여 재물과 보물등은 물론 생명까지도 보시하였다. 또한 국왕의 자리에 있을 때도 깨달음을 성취하기 위하여 왕위를 왕자에게 물려주고 수행자의 길을 걷기도 하였다. 어떤 때는 선인에게 대승법의 한 구절을 얻어 듣기 위하여 온 몸과 마음을 다 바쳐 정성껏 시중 들기를 천 년 동안 한 적도 있었다. 그렇게 수행 정진한 공덕으로 국왕은 부처가 되었다.

① 지난 겁을 생각하니 태자의 몸을 받아 왕이 되었지만
② 탐욕이 없었으며 대승법을 위하여 왕위까지 버렸는데
③ 아사 선인이 나타나 대승법을 설하기에 기꺼이 몸종이 되어
④ 나무하고 힘든 일 많이 해도 몸과 마음 괴로운 줄 몰랐었다.

① 위 없는 바른 깨달음을 성취하고자 부지런히 수행 정진하였고
② 자신을 위한다는 생각이나 오욕락은 아예 없었으며
③ 마침내 도를 이루어 이제 너희들에게 법을 설하노라.
④ 그 때의 선인은 제바달다이며 왕은 바로 나이니라.

【12-2】대중들이여,
그 때 그 국왕이 지금의 나이며 그 때 국왕에게 대승

법인 묘법연화경을 설하여 준 선인이 지금의 제바달다 이다. 지금 내가 위 없는 바른 깨달음을 성취하여 삼십이 상의 거룩한 몸매와 팔십 가지의 잘 생긴 모양과 자주빛 도는 황금색의 피부와 열 가지 힘과 네 가지 두려움 없음과 네 가지 붙들어 주는 법과 열여덟 가지 함께 하지 않는 법과 신통과 도력을 구족하여 중생들을 널리 제도하고 있는 것도 모두 제바달다 선인으로 말미암아 이루어진 것이다.

대중들은 잘 들어라.

제바달다는 한량 없는 겁 동안 수행 정진하여 부처가 될 것이며, 이름은 천왕여래이며, 그 세계 이름은 천도라 할 것이다. 천왕여래는 이십 중겁 동안 중생들을 제도할 것이며, 수 많은 중생들이 아라한과를 증득하여 벽지불을 이룰 것이며, 위 없는 바른 깨달음을 성취하겠다는 마음을 내게 하여 무생 법인을 이룰 것이다.

천왕여래가 열반에 드신 뒤 정법이 세상에 머무는 기

간은 이십 중겁이며 전신 사리로 칠보탑을 세울 것이며 높이가 육십 유순 가로, 세로가 사십 유순이나 될 것이다. 이 칠보탑에 천신과 사람들이 꽃과 향으로, 의복과 목걸이로, 당기와 번기와 일산으로 공양하고 예배할 것이다. 오는 세상에 수행자나 재가 수행자가 이 묘법연화경의 제바달다품을 듣고 순수한 마음으로 믿고 공경하는 이는 지옥이나 아귀나 축생에 떨어지지 않을 것이며, 부처님이 계신 나라에 왕생하여 나는 곳마다 항상 이 경전을 듣고 지닐 것이다. 만약 하늘이나 인간 세상에 나면 가장 훌륭한 즐거움을 받으며 위 없는 바른 깨달음을 성취하기 위하여 수행 정진할 것이다."

[12-3] 다보여래께서 돌아갈 시간이 되었으므로 다보여래를 따라온 지적보살이 '석가모니 부처님이시여, 저희들은 이제 본국으로 돌아갈까 합니다.'하니 부처

님께서 지적보살에게 말씀하셨다.

"지적보살이여, 잠깐 기다려라. 여기 문수보살과 법담을 나누고 본국으로 돌아가도 좋으리라."

부처님의 말씀이 떨어지자 잎이 천 개나 되는 연꽃에 쌓여 문수보살이 지적보살 앞에 나타났다.

지적보살이 문수보살에게 물었다.

"문수보살이여, 만나서 반갑습니다. 보살이 이제까지 용궁에서 교화한 중생이 얼마나 됩니까?"

"제가 이제까지 용궁에서 교화한 중생은 한량 없이 많아 셀 수가 없습니다. 잠깐 기다리면 스스로 증명될 것입니다."

말이 끝나자마자 보배 연꽃에 앉은 수 많은 보살들이 바다로부터 솟아 올라와 영취산의 허공에 머물렀다.

"제가 바다에서 교화한 보살들의 모습입니다."

지적보살이 문수보살을 게송으로 찬탄하였다.

① 지혜와 복덕과 용기를 가지고 한량 없는 많은 중생 제도하셨네.

② 존재의 실상 꿰뚫어 보시고 최상의 일승법을 열어 보이셨네.

③ 모든 중생 탐진치 여의고 하루 빨리 보리 마음 이루게 하셨네.

④ 문수보살이여, 당신의 선행을 진심으로 찬탄합니다.

【12-4】 문수보살이 지적보살에게 말했다.
"저는 용궁에서 항상 묘법연화경만을 설하였습니다."
"묘법연화경은 뜻이 깊고 미묘하여 모든 경전 중에 으뜸입니다. 중생들이 이 경전을 받아 지니고 믿고 행하면 빨리 부처를 이룰 수가 있겠습니까?"
"사라갈 용왕에게는 여덟 살 된 딸이 있었습니다. 비록 어리지만 묘법연화경을 받아 지니고 읽고 외운 공덕으로 지혜가 있어 중생의 근성과 행하는 업을 잘 알고 있었으며, 자비롭기가 보살과 같아 중생을 어머니가 아기 보듯이 어여삐 여겼습니다. 또한 시간이 있을 때마다 선정에 들어 우주와 하나가 되었습니다. 공덕이 구족하여 마음으로 생각하고 입으로 말하는 모든 것이 진리에 어긋남이 없으며 모든 중생이 믿고 잘 따라 불퇴전의 보리 마음을 내도록 하였습니다."
"석가모니 부처님께서도 도를 이루기 위하여 수 억겁 동안 수행 정진하며 몸과 마음을 다 바쳐 보살도를 행한 후에 비로소 부처님이 되셨는데 용녀가 잠깐 동안에 깨달음을 성취한다는 것은 믿을 수가 없습니다."
말이 끝나기도 전에 용왕의 딸이 나타나 부처님에게 머리를 조아려 예배하고 한 쪽으로 물러나 게송으로 찬탄하였다.

① 중생들의 죄와 복을 깊이 통달하시고 시방 세계 비추시며

② 미묘하고 깨끗한 법신 거룩한 몸매로 장엄하셨네.
③ 하늘 사람 용과 귀신 일체 중생 모두 우러러 받듭니다.
④ 제가 대승법을 널리 열어 모든 중생을 건지오리다.

이 때 사리불이 용녀에게 말했다.
"네가 위 없는 바른 깨달음을 성취한다는 것은 불가능하다. 왜냐하면 업이 두터운 여자의 몸은 법의 그릇이 아니기 때문에 여자의 몸으로는 도를 이루지 못한다. 또 여자의 몸으로 이룰 수 없는 것이 다섯 가지가 있다. 첫째 범천왕이 되지 못하며, 둘째 제석천왕이 되지 못하며, 셋째 마왕이 되지 못하며, 넷째 전륜성왕이 되지 못하며, 다섯째는 부처가 되지 못한다. 그런데 너는 여자의 몸으로 어떻게 부처가 되겠다고 하느냐?"

【12-5】 "여러분은 신통으로 제가 부처가 되는 것을 볼 수 있을 것입니다."

모든 대중이 용녀를 쳐다보니 눈 깜짝할 사이에 용녀는 남자로 변하여 보살행을 갖추고 남방 무구 세계에 가서 연꽃 위에 앉아 부처를 이루니 삼십이 상과 팔십 종호가 원만하게 갖추어졌다. 널리 중생을 위하여 묘법연화경을 설법하였다.

이 때 사바세계의 보살, 성문, 하늘, 용, 사람, 사람 아닌 것 등 모두가 이 광경을 보고 크게 기뻐하며 우러러 찬탄하였다. 그리고 수 많은 중생이 위 없는 바른 깨달음을 성취하겠다는 서원을 세웠다.

무구 세계는 여섯 가지로 진동하였고, 사바 세계의 삼천 중생은 세세생생 위 없는 바른 깨달음을 성취하겠다는 서원을 굳게 하여 부처님으로부터 성불 수기를 받았다.

제 13 권지품

제 13 권지품

【13-1】 그 때 약왕보살과 대요설보살이 이만 명이나 되는 보살들과 함께 부처님 앞에서 두 손을 합장하며 원을 세웠다.

"부처님이시여, 저희들은 부처님께서 멸도하신 후 이 경을 받들어 지니고 뜻을 바르게 알아 중생을 교화하겠습니다. 말세에는 성품이 착한 중생이 적고, 교만심에 가득찬 중생이 많으며, 자신의 이익 밖에 모르는 중생이 많아 교화하기가 어렵습니다. 그렇지만 저희들이 이러한 중생이 진리의 세계로 돌아올 때 까지 참고 견디며 이 경전을 읽고 지니고 교화하는데 목숨을 아끼지 않겠습니다."

이 때 부처님에게 성불 수기를 받은 오백 아라한들과 배움이 있는 수행자와 배움이 없는 수행자 팔천 명이 자리에서 일어나 합장하며 부처님을 우러러보며 원을 세웠다.

"부처님이시여, 저희들도 다른 국토에서 이 경전을 읽고 지니고 교화하는데 목숨을 아끼지 않겠습니다. 사바세계에는 악한 사람들이 많고 교만한 사람들이 많으며 공덕이 천박하여 일이 뜻대로 되지 않아 성 잘 내는 중생이 많으며, 또한 아첨을 잘 하여 진실하지 못한 사람들이 많아 교화하기가 어렵습니다. 그렇지만 저희들이 이러한 중생이 진리의 세계로 돌아올 때까지 참고 견디며 이 경전을 읽고 지니고 교화하는데 목숨을 아끼지 않겠습니다."

이 때 부처님께서는 근심스러운 눈으로 쳐다보고 있는 마하파사파제 비구니에게 말씀하셨다.

"어찌하여 너는 근심스러운 얼굴로 여래를 보느냐? 내가 너의 이름을 불러서 성불 수기를 주지 않았다고 그러는 것이냐? 조금 전에 모든 성문에게 한꺼번에 성불 수기를 주었다. 너는 오는 세상에 육만팔천억 모든 부처님 법을 통달하여 대법사가 될 것이며, 여기 있는 육천 명의 여자 수행자들도 대법사가 될 것이다. 마하파사파제는 점점 보살도를 구족하여 마땅히 부처를 이룰 것이니 이름을 일체중생희견여래라 할 것이며, 육천 명의 여자 수행자들도 차례로 부처를 이룰 것이다."

【13-2】 그리고 나서 부처님께서는 라후라의 어머니인 야수다라를 보면서 말했다.
"야수다라여, 그대는 오는 세상에 백천만억 부처님 회상에서 보살행을 닦으며 대법사가 되었다가 부처를 이룰 것이며, 이름을 구족천만광상여래이며, 수명은 무량 아승지겁에 이를 것이다."
이 때 마하파사파제와 야수다라를 비롯하여 많은 여자 수행자가 부처님을 찬탄하였다.

① 대도사이신 부처님이시여!
② 하늘 세상과 인간 세상을 편안하게 하시며
③ 또한 저희들에게 성불 수기를 주시니
④ 마음이 편안하고 흡족하여 만족스럽습니다.

그리고 마하파사파제를 비롯한 모든 여자 수행자는 부처님께 말씀드렸다.
"부처님이시여, 저희들도 다른 국토에서 이 경전을 읽고 지니고 교화하는데 목숨을 아끼지 않겠습니다."
이 때 다른 국토에서 온 팔십만억 나유타나 되는 보살들이 자리에서 일어나 부처님 앞으로 나아가 합장 공경하며 말씀드렸다.
"부처님이시여, 저희들도 부처님께서 열반에 드신 후 시방세계로 다니면서 중생에게 이 묘법연화경을 받아 지니고 읽고 외우고 그 뜻을 해설하여 법대로 생각하고 수행하도록 하는데 신명을 바치겠습니다. 이것은 모두 부처님의 위신력입니다.
부처님께서 멀리 다른 곳에 계시더라도 부처님의 가피가 있기를 원하옵니다."

【13-3】① 여러 보살 서원하여 말하기를
② 부처님께서 열반에 드신 후 시기 질투 싸움이 가득하고
③ 삿되고 교만하고 잘못된 마음 가득한 말세라도
④ 저희들이 이 목숨 바쳐 중생을 교화하겠습니다.

① 위 없는 바른 법을 위하여 출가한 수행자로서
② 세속의 부귀와 영화에 눈이 먼 사람
③ 자신의 이익을 위하여 승단의 화합을 깨는
④ 그러한 출가 수행자도 목숨 바쳐 제도하겠습니다.

① 죄악과 잘못된 생각으로 가득 찬 수행자들

② 우리를 나쁘다고 비방하여도
③ 욕설하고 빈축하고 내쫓아도 참고 이겨내며
④ 이 목숨 바쳐 바른 법 전파하겠습니다.

① 부처님에 대한 믿음으로 모든 것을 물리치고
② 이 경전을 설하기 위하여 어떠한 어려움도 참고 견디겠습니다.
③ 불도를 보호하는데 이 목숨 아끼지 않을 것이며
④ 세세 생생 부처님 법을 보호하고 지키겠습니다.

① 부처님의 손과 발이 되어 법을 전하며
② 미래에 오실 수 많은 부처님을 위하여
③ 저희들의 이러한 서원을 발원하오니
④ 하루 빨리 이루어지도록 굽어 살펴주옵소서.

제 14 안락행품

제 14 안락행품

【14-1】 그 때 법왕자 문수사리보살이 부처님께 말씀드렸다.

"부처님이시여,

이 보살들은 묘법연화경이 말세에서도 유포될 수 있도록 큰 서원을 세웠습니다. 이 보살들이 어떻게 연설하면 말세에도 이 경이 쉽게 받아들여지겠습니까?"

"만일 보살들이 말세에도 이 경전을 연설하려면 네 가지를 명심해야 한다. 첫째 보살로서 올바른 실천을 하여야 하며 보살로서 머물 곳에 머물러야 한다. 그렇게 하여야 말세 중생들이 그 보살을 따를 것이며 이 경전을 연설할 수 있게 된다. 보살은 인욕바라밀을 실천하여 어떠한 상황에서도 부드럽고 화평하고 조급하지 않으며, 공포심이 없으며, 사물의 진실한 실상을 바로 알아 집착하지 않고 분별하지 않는 것이 바른 실천이다. 또한 보살은 국왕이나 대신 등 권력자를 멀리하여야 하며, 장자와 같은 부귀한 자를 멀리하며, 세속의 명예를 추구하는 외도들과도 멀리하며, 술과 놀이, 잡기를 즐기는 자를 멀리하며, 개, 닭 등 짐승을 기르는 자를 멀리하며, 생명을 대상으로 사냥을 하고 고기를 잡고 즐기는 자를 멀리하는 것이 보살로서 머물 곳에 머무는 것이다. 혹시 그러한 자가 가까이 오면 그들이 바른 길을 갈 수 있도록 법을 설할 것이며, 성문을 구하는 출가 수행자나 재가 수행자도 멀리할 것이며, 쓸데없이 대중들과 어울려 잡담도 하지 말며, 함께 있지도 말 것이다. 누구에게나 기회가 되면 바른 법을 설하라. 그와 같은 자들과 일체의 행위나 말도 하지 않는 것이 보살이 머물 곳에 머무는 것이다.

또한 여자를 대할 때 애욕을 일으키지 말며, 보지도 말하지도 말며, 혼자서는 남의 집에 들어가지도 말 것이며, 꼭 들어가야 할 경우에는 일심으로 염불을 해야 한다. 혹시 여자에게 법을 설할 때는 단정한 몸과 깨끗한 마음으로 설하라. 나이 어린 제자와 사미와 어린 아이를 기르기를 좋아하지 말며, 어울려 한 스승을 섬기기를 즐겨하지도 말 것이며, 항상 좌선하기를 좋아해 혼자 한적한 곳에서 마음을 닦아 고요한 선정에 드는 것이 보살이 머물 곳에 머무는 것이다.

【14-2】 보살은 일체 법을 관하여 실상의 공함을 볼 것이며, 공함 속에 실상이 있음을 볼 것이며, 뒤바뀌지도 않고 흔들리지도 않으며 물러가지도 않는 실상을 바르게 관하여 아무 것도 가지지 않는 공의 성품을 볼 것이다. 원래 진실한 법은 생기지도 않고 나오지도 않고 일어나지도 않으며 말로써 어떻게 할 수 없는 것이다. 또한 이름도 없고 모양도 없고 있는 것 같지만 없으며, 그러면서도 매우 커서 끝이 없으며 걸림도 없고 막힘도 없지만 단지 인연에 의하여 있는 것 같이 보일

뿐이며, 이것으로부터 전도되어 생각이 일어나게 된다. 이와 같이 진실한 법에 머무는 것이 보살의 두 번째 머물 곳에 머무는 것이다.
부처님께서 이 뜻을 거듭 펴시려고 게송으로 말씀하셨다.

① 국왕이나 대신들, 흉악한 자와 장난꾼, 외도와 범지들
② 뛰어난 체하는 사람, 소승을 좋아하는 사람, 파계한 수행자들
③ 오욕락을 즐기는 사람, 과부나 처녀, 백정이나 사냥꾼
④ 낚시꾼 등 이러한 사람들을 가까이 하지 말 것이니라.

① 음란한 여자들을 가까이 하지 말 것이며
② 외딴 곳에서 여인에게 설법하지 말 것이며

③ 마을에 가서 걸식할 때 다른 비구들과 함께 갈 것이며
④ 만일 혼자일 때는 일심으로 염불하라.

① 법을 설할 때는 두려움 없는 마음으로 설할 것이며
② 또한 남자와 여자를 분별하지 말고
③ 모든 분별을 없애고 공한 마음으로 법을 설하라.
④ 이것이 보살이 행할 곳이라 하느니라.

① 일체 법은 원래 공하여
② 항상 있는 것도 없으며 일어나지도 멸하지 않나니 이러한 것을 보살이 가까이 할 곳이며,
③ 그러하니 보살은 한적하고 고요한 곳에 머물러
④ 동하지 않기를 수미산 같이 하라.

[14-3] ① 온갖 법이 모두 공하여 마치 허공과 같으며

② 생기거나 나지도 않고 흔들리거나 물러나지 않아
③ 항상 한 모양이니, 이것을 보살이 가까이 할 곳이라 하며
④ 보살은 내가 열반한 후에 행할 곳과 가까이 할 곳에 들어가라.

① 보살은 고요한 방에 앉아 삼매에 들어 법을 관하고
② 삼매에서 깨어났을 때에는 임금이나 백성들을 위하여
③ 법을 설하라. 이것이 보살들의 첫 법에 머무름이며
④ 내가 열반한 후에 법화경을 설함이라 하느니라.

"문수보살이여,
여래가 멸도한 후 말법 시대에 이 경전을 설할 때 마땅히 안락행에 머물러야 한다. 말법 시대일수록 경전을 설하는 법사의 마음가짐이 중요한 것이다.

법사가 경전을 설할 때는 남의 허물을 말하지 말 것이며, 다른 법사들을 업신여기지 말 것이며, 다른 사람의 좋고 나쁜 점을 말하지 말며, 성문들의 이름을 거론하면서 칭찬하지도 말며 비방하지도 말며, 어느 누구에게도 원망하거나 싫어하는 마음을 내지 말 것이며, 경전을 설하는 법사의 마음이 편안하면 듣는 사람들의 마음도 편안해지며, 질문을 해 오거든 본질에 근거를 둔 대승법으로 말해 주어 그들로 하여금 위 없는 바른 깨달음을 얻게 할 것이다."

【14-4】 부처님께서 이 뜻을 거듭 펴시려고 게송으로 말씀하셨다.

① 보살들은 어느 때나 즐거운 마음으로 법을 설하라.
② 법상에 편안히 앉아 물음에 따라 법을 설하라.
③ 어려운 질문이 있으면 이치에 맞게 대답할 것이며

④ 인연과 비유로써 상대방이 알아듣게 자세히 설명하라.

① 이와 같은 방편으로 모두 발심하게 하여
② 위 없는 바른 법을 성취하는데 마음을 내게 하라.
③ 근심 걱정 뛰어 넘어 자비의 마음으로 법을 설하라.
④ 적절한 비유로 중생들을 깨우쳐 환희의 마음을 내게 하라.

① 내가 열반한 후 이와 같이 이 경전을 설하는 이는
② 마음에 근심 걱정, 질투와 장애, 공포심과 두려움이 모두 없으니
③ 지혜 있는 사람은 이와 같이 안락행에 머물 것이며
④ 이와 같은 공덕은 천만 겁이 지나도록 다 말할 수 없네.

문수보살이여,

말법 시대에 이 경전을 받아 지니고 읽고 외우는 자의 마음가짐도 또한 편안해야 한다.

경전을 읽을 때에는 질투하고 속이려는 마음을 품지 말고, 불법을 배우는 이를 업신여기고 꾸짖지 말며, 그의 좋은 점이나 나쁜 점을 들추어 내지 말며, 만일 출가 수행자나 재가 수행자가 성문이 되기를 원하거나, 벽지불이 되기를 원하거나, 보살이 되기를 원하더라도 그들의 목적이 잘못되었음을 시비하지 말라.

내 속에 지혜와 자비가 가득하면 중생들을 대할 때 저절로 자비로운 마음이 가득찰 것이며, 부처님이나 보살을 대하면 아버지와 스승을 대하는 듯한 마음이 일어날 것이며, 시방세계를 향하여 항상 간절하게 기도하는 마음이 될 것이며, 생각하는 것과 행동하는 것이 법에 어긋남이 없을 것이다.

이것이 세 번째로 보살이 머물러야 할 곳이다.

【14-5】문수보살이여,

이러한 보살이 경전을 설할 때에는 아무리 말법 시대라 하더라도 방해하는 자가 없을 것이며, 함께 경전을 설하는 도반이 반드시 있을 것이며, 어떤 상황이라도 경전을 듣는 대중들이 모이게 된다.

문수보살이여,

말법 시대라 하더라도 이 묘법연화경을 지니고 읽는 사람은 재가나 출가 수행자를 보면 저절로 마음이 편안해지고, 중생들을 보면 불쌍히 여기는 마음이 저절로 일어날 것이다. 그래서 길을 잃고 헤매는 중생들을 보면 내가 가지고 있는 신통과 지혜의 힘으로 그들을 바른 믿음의 세계에 이르도록 하는 간절한 기도가 저절로 일어나게 된다.

문수보살이여,

보살은 어떠한 행동이나 말을 하더라도 법에 어긋남이 없어야 한다. 이것이 보살이 넷째로 머물러야 할 곳이다. 이러한 보살에게는 출가 수행자, 재가 수행자, 국왕, 대신, 모든 백성이 공양하고 공경하며, 존중하고 찬탄할 것이며, 하늘이 법을 듣기 위하여 따라다니며 옹호할 것이다. 또한 마을이나 산속에서 법을 설할 때에도 하늘이 호위하여 듣는 사람으로 하여금 기쁜 마음을 내게 할 것이다. 그 이유는 과거, 현재, 미래의 모든 부처님이 신통으로 이 경전을 수호하기 때문이다.

부처님께서 이 뜻을 거듭 펴시려고 게송으로 말씀하셨다.

① 질투와 성냄, 교만과 아첨, 사견과 거짓을 버리고
② 항상 정직하고 바르게 행을 닦아라.
③ 멸시와 웃음거리, 의심스러운 말, 성불 못한다는 말을 하지 말며
④ 모든 것을 자비로 대하니 게으른 마음 내지 않네.

① 시방의 보살들이 중생을 위하여 도를 행하니
② 모든 중생은 나를 깨달음으로 인도하는 스승이라고 생각하라.
③ 교만한 마음 깨뜨려 법을 설하며 장애가 없게 하라.
④ 이것을 한마음으로 안락하게 행하면 모든 중생이 공경하리라.

【14-6】문수보살이여,
(제 6 계중명주유의 비유)
내가 비유로써 말 할테니 잘 들어라. 힘이 센 어떤 전륜성왕이 주위에 있는 작은 나라들을 병합하여 통일된 나라를 만들려고 한다. 군대를 일으켜 작은 나라들을 토벌하고 난 뒤 공이 있는 장군과 병사들에게는 집이나 논 밭이나 고을을 포상으로 주기도 하며, 의복이나 금 은 보화나 코끼리나 노예를 주기도 하지만 왕을 상징하는 상투속의 명주는 주지 않는다. 이 보배는 오직 왕만이 갖고 있는 것이며 그 외 어느 누구도 가질 수 없는 것이기 때문이다.

문수보살이여,

여래도 그와 같아서 선정과 지혜의 힘으로 불법의 국토를 얻어 삼계의 법왕이 되었는데, 마왕들이 순종하여 항복하지 않으면 보살들과 수행자들이 부처님을 도와 삿된 마왕을 쳐부수고 바른 법의 나라를 세우려고 애를 쓴다. 부처님께서는 교화를 잘한 대중들에게 여러 경전을 설하여 환희의 세계에 머물게 하며, 선정 해탈 무루법등 온갖 법의 성취를 주지만 다만 묘법연화경은 설하여 주지 않는다. 이 묘법연화경은 위 없는 바른 깨달음을 성취하겠다고 서원을 세운 보살이나 수행자들을 위하여 여래가 큰 결심을 하고 설해 주는 것이다. 탐심과 진심과 치심의 삼독을 멸하고 삼계에서 벗어나 마의 그물을 깨뜨리고 곧 깨달음을 성취할 수행자를 보면 여래는 환희하여 그가 바로 견성 성불할 수 있도록 이 경전을 설하여 준다. 세간에는 원망하는 마음이 가득하고 믿음이 없는 이 때에 여래는 큰 결심을 하고 이 경전을 설하여 주는 것이다.
문수보살이여,
이 묘법연화경은 여래의 법문 중에 으뜸이며, 여래의 가르침 중에 가장 심오한 것이어서 가장 최후에 설해 주는 것이다.

【14-7】 부처님께서 이 뜻을 거듭 펴시려고 게송으로 말씀하셨다.

① 모든 것을 불쌍히 여겨 부처님이 찬탄하신 이 경전을 설하라.
② 미래의 말세에서 이 경전을 지니는 이는
③ 살아 있는 모든 것에 자비한 마음을 내라.
④ 이 법을 설하여서 모든 중생이

이 법 가운데 머물게 하여라.

① 비유하여 말하면 어떤 전륜성왕이
② 전쟁을 치루고 상을 주는데
③ 코끼리와 말과 수레, 집과 전답, 마을과 도성, 금은 보배와 노비를 주지만
④ 능히 어려운 일을 해내면 상투속에 있는 명주를 뽑아서 상으로 주네.

① 법의 왕 부처님도 그와 같아
② 대자대비 마음으로 중생을 위하여 법을 설할 때
③ 크나큰 방편으로 여러 경전을 설하네.
④ 공부가 익은 최고의 보살에게는 이 경전을 설하시네.

① 천만 겁이 지나도록 설하지 않았던 법문인데
② 지금 시절 인연이 되어 내 이제 너희들에게 설하노라.

③ 이 경전 지니는 이는 근심 걱정 없으며 병도 없고 천한 곳에 태어나지 않으며
④ 지혜 광명이 태양과 같이 비치리라.

【14-8】① 꿈속에서도 묘한 일을 보게 되며
② 사자좌에 앉아 부처님이 설법하시는 것을 보게 되며
③ 용왕과 신장들과 아수라들이 공경하고 합장할 때
④ 자신이 그 속에서 법 설함을 보게 되네.

① 한량 없는 광명 놓아 온갖 것 다 비추며
② 청정한 음성으로 여러 법을 설하시네.
③ 부처님이 대중에게 위 없는 법 설하실 때
④ 자신이 그 속에서 합장하고 찬탄함을 보게 되리라.

① 법을 듣고 환희하여 부처님께 공양하고
② 신통을 얻어 물러나지 않는 지혜를 증득하네.

③ 부처님께서 불도에 깊이 들어 갔음을 아시고
④ 부처 이룰 것이라는 성불 수기 주시네.

① 장차 오는 세상에 한량 없는 지혜 얻어 부처를 이룰 것이라는 수기 주시니,
② 사부대중들이 모여 합장하고 법을 듣는구나.
③ 깊은 산 속에 앉아 불도를 닦아 실상의 공함을 증득하고
④ 깊이 선정에 들어 부처님을 뵈옵네.

① 세속의 모든 욕망 뿌리까지 없애고 보리수 아래 가부좌 틀고 앉았으니,
② 위 없는 도를 성취한 후에 법륜을 굴리면서
③ 이 묘법연화경을 설하여서 한량 없는 중생을 제도하니
④ 세상에서 최고의 공덕을 얻어 가장 큰 이익을 얻으리라.

제 15 종지용출품

제 15 종지용출품

【15-1】 이 때 다른 국토에서 온 수 많은 보살이 자리에서 일어나 합장 예배하고 부처님께 말씀드렸다.
"부처님이시여,
저희들이 부처님께서 열반에 드신 후 사바세계에서 부지런히 정진하며 이 경전을 지니고 읽고 외우고 교화하는 것을 허락하신다면 신명을 다 하여 지극 정성으로 하겠습니다."
"그 말은 고맙지만 그렇게 하지 않아도 된다. 이 사바세계에 육만 갠지즈 강의 모래 만큼 많은 보살이 있고 내가 열반에 든 뒤에 이 보살이 이 경전을 지니고 읽고 외우고 교화할 것이기 때문이다."
부처님께서 이렇게 말씀하실 때 삼천대천 세계의 땅이 진동하고 갈라지면서 그 속에서 수행 정진하여 중생을 제도하고 있던 한량 없는 보살이 한꺼번에 솟아

올랐다.

이 보살들의 몸은 금빛이었고, 삼십이 상의 훌륭한 몸매를 갖추고 있었으며, 사바세계의 아래에 있는 허공 세계에 있다가 석가모니 부처님의 음성을 듣고 올라온 것이다.

이 보살들은 각각 육만 겐지즈 강의 모래 만큼 많은 권속을 거느리고 나타났다. 이렇게 많은 권속을 거느린 보살들은 물론 일이만 겐지즈 강의 모래 만큼 많은 권속이나 몇 천억의 권속을 거느리고 있는 보살들이나 혼자 있기를 좋아하는 보살들까지 모여 들었다.

이 보살들은 수억 겁 동안 보시를 베풀었으며 바른 생활을 영위하여 중생의 모범이 되었으며, 부지런히 수행 정진하여 깨달음을 성취하려고 노력하였으며, 법을 설하여 중생을 제도하였으며, 시간과 여유가 있을 때는 혼자 멀리 떨어져 선정에 들기를 좋아하였다.

이 모든 보살은 땅 속에서 솟아 나와 허공으로 치솟아

올라 칠보탑 안에 계신 다보여래와 석가모니 부처님 앞에 머리를 조아려 예배하고, 또 보배나무 아래 사자좌에 앉아 계신 분신 부처님께 예배하고 오른쪽으로 세 번 돌고 합장하고 공경하며 모든 부처님을 찬탄하고는 한쪽으로 물러나 앉아 두 부처님을 우러러 보았다. 이 보살들이 부처님을 찬탄하기를 오십 소겁 동안 하였다.

이 때 석가모니 부처님과 모든 분신 부처님은 오십 소겁 동안 삼매에 들어 계셨는데 부처님의 신통력으로 대중들이 느끼기에는 한 나절이 지나간 것 같이 생각되었다.

[15-2] 그들 중에 상행보살과 무변행보살과 정행보살과 안립행보살이 부처님 앞으로 나와 합장하며 부처님께 문안을 드렸다.

"부처님께서는 병이 없으시고 고뇌가 없으시며 안락

한 행을 하십니까? 중생이 순수히 잘 따라 진리의 세계로 들어갑니까? 부처님을 피곤하게 하지 않습니까? 오랫 동안 부처님을 뵙지 못했기에 근심스러운 마음으로 여쭈어 봅니다."
이 때 네 보살이 게송으로 말씀드렸다.

① 부처님께서 안락하시고
② 병환이 없으시며 번거로움 없으십니까?
③ 중생을 교화하시기에 피곤하지 않으십니까?
④ 어리석은 중생이 부처님을 피곤하게 하지 않습니까?

"고맙구나. 고맙구나. 보살들이여,
여래는 안락하고 병이 없으며 번거롭지 않다. 그리고 중생도 피곤하게 하지 않는다. 이 모든 중생은 세세생생 나의 교화를 받았고 과거 여러 부처님 처소에서 착한 뿌리를 심었기 때문이다. 그러므로 이 중생은 나의 말을 듣고 바로 믿고 즐거운 마음으로 행하여 부처의 지혜에 들어갔다."
이 때 모든 보살이 게송으로 부처님을 찬탄하였다.

① 거룩하신 부처님이시여!
② 모든 중생의 의지처입니다.
③ 이제 저희들이 부처님의 말씀을 듣고 믿고 행하오니
④ 기쁜 마음 한량 없습니다.

【15-3】부처님께서는 조용히 웃으시면서 우두머리 보살들을 칭찬하셨다.
"보살들이여,
정말 고맙다. 여래는 병도 없고 고뇌도 없으며, 또한 중생들이 잘 따라 피곤하지도 않다. 너희들은 여래의 마음을 기쁘게 하는구나."
이러한 광경을 보고 있던 미륵보살과 팔천 겐지즈 강

의 모래 만큼 많은 보살은 너무나 놀랐다. 미륵이 여러 보살의 생각이 자신과 같음을 알고 합장하며 부처님께 게송으로 여쭈었다.

① 저희들이 수억겁 동안을 교화하며 부처님을 모셨지만
② 이러한 광경은 처음입니다.
③ 이 보살들은 어디로 부터 왔으며
④ 무슨 인연으로 모였습니까?

① 사방의 땅이 진동하며 열려 그 속에서 솟아나니
② 부처님이시여, 이러한 광경은 처음입니다.
③ 모두가 궁금해 하오니 부디 설명해 주소서.
④ 이 보살들은 어디로 부터 왔습니까?

① 수억 겁 동안 여러 국토 다녔지만

② 부처님이시여, 이러한 광경은 처음입니다.
③ 저는 이들 중에 한 보살도 알지 못합니다.
④ 홀연히 땅에서 솟아나니 그 인연을 설해 주소서.

① 이렇게 많은 보살이 누구에게서 발심하였으며
② 어떤 부처님 법을 찬탄하며
③ 무슨 경전을 받아 지니고 외우며
④ 어떻게 수행정진 하였습니까?

① 지금 여기 모여 있는 모든 대중
② 이 일을 알고자 합니다.
③ 이 보살들의 처음과 나중의 인연을 설하여
④ 저희들의 의심을 풀어 주소서.

[15-4] 이 때 다른 국토에서 온 천만억 분신 부처님들이 팔 방에 놓여 있는 보배 나무 아래에 있는 사자좌

에 결가부좌 하고 계셨다. 이 분신 부처님들의 시자들도 보살 대중들이 삼천 대천 세계의 사방의 땅 속에서 솟아 올라 와 허공에 머물러 있음을 보고 각각 부처님에게 여쭈었다.

"부처님이시여,

이 한량 없는 많은 보살 대중들이 어디로부터 왔습니까?"

이러한 상황을 둘러보신 부처님께서는 미륵을 보며 말씀하셨다.

"착하고 착하다. 미륵이여,

대중들의 마음을 알고 먼저 묻는구나. 그대들은 먼저 위 없는 바른 깨달음을 성취하겠다는 굳은 결심을 하는 것이 가장 먼저 선행되어야 할 일이다. 지금 이러한 상서로움은 여래의 끝없는 지혜와 자재한 신통과 위 없는 용맹을 보이는 것이다."

부처님께서 이 뜻을 거듭 펴시려고 게송으로 말씀하

셨다.

① 마땅히 한 마음으로 정진하라.
② 내 이제 이 인연을 말하리라.
③ 여우같이 의심하는 마음을 일으키지 말라.
④ 부처님의 지혜는 불가사의하니라.

① 이제 이러한 인연을 설하리니 의심하거나 놀라지 말라.
② 부처님 말씀은 거짓이 없고 지혜도 헤아리기 어려우니라.
③ 위 없는 깨달음 깊고 깊어 분별할 수 없지만
④ 일찍이 듣지 못하던 것을 이제 모두 듣게 되리라.

미륵보살이여,
땅으로부터 솟아 올라 온 이 한량 없는 보살은 내가

수행자 시절부터 부처를 이룬 지금까지 수억겁 동안 교화하고 마음 깊이 감동을 주어 보리심을 내게 한 자들이다. 이 보살들은 사바세계에 머물러 중생을 교화하고 있다.

【15-5】바른 말이 아니면 하지 않고 고요한 곳에서 부지런히 정진하기를 좋아하며 하늘이나 사람뿐만 아니라 축생이나 지옥도 싫어하지 않으며 중생과 더불어 있으면서 위 없는 바른 깨달음을 성취하려고 수행 정진하는 보살들이다.

"부처님이시여,

부처님께서는 석가족의 태자로 태어나 궁궐에 계시다가 젊은 나이로 출가하여 육 년 동안 고행 정진 끝에 마갈타에서 위 없는 바른 깨달음을 성취하였습니다. 도를 이루신 그 때부터 지금까지 사십 년 밖에 되지 않았는데 그 짧은 기간 동안 어떻게 이 많은 보살

을 교화하여 보살의 도를 얻게 하였는지 궁금합니다. 부처님이시여,
수억 겁을 수행 정진하여 보살이 된 이들을 보고 지금 부처님께서 내가 교화한 보살이라 하시는 것을 여기 모인 모든 대중은 믿기 어려울 것입니다."
부처님께서 이 뜻을 거듭 펴시려고 게송으로 말씀하셨다.

① 미륵이여, 이 많은 보살은 무수한 겁 옛날부터
② 부처의 지혜 닦아 익혔으며
③ 내가 이들을 교화하여 처음으로 도에 마음을 내게 했으며
④ 지금은 물러남 없는 자리에 있어 미래 세에 모두 부처 될 것이다.

① 이들은 항상 두타를 행하고 고요한 곳을 좋아하며

② 시끄럽고 말 많은 것을 피하여 한적한 곳에 머물며
③ 밤낮으로 정진하여 부처님 도를 구하기 위해
④ 사바세계의 하방인 허공에 머물러 있었노라.

① 뜻과 생각의 힘이 견고하고
② 가지가지 묘한 법을 듣고는 두려움이 없어졌으며
③ 그대들은 한 마음으로 믿고 따르라.
④ 내가 오랜 옛날부터 이 보살들을 교화했노라.

【15-6】"마치 이십 세 된 젊은이가 팔십 된 노인을 보고 저 노인은 내 아들이다 하는 것과 같습니다.
부처님께서도 이와 같아서 도를 이루신지 얼마 되지 않았는데 이 보살 대중들은 한량 없는 천만억 겁 전부터 불도를 구하기 위하여 부지런히 정진하였으며 모든 착한 법을 익혀 사람들 가운데 뛰어났으며 소중하고 보기 드문 보배들입니다.

오늘 부처님께서 말씀하시기를 불도를 이룬 후 처음으로 이 보살 대중들을 교화하여 위 없는 바른 깨달음을 성취하겠다는 마음을 내게 하였다고 하셨습니다. 부처님께서 불도를 이루신 지 얼마 되지 않았는데 어떻게 하여 이렇게 큰 공덕을 능히 지으셨습니까?

여기 있는 모든 보살이 저와 같은 의문을 갖고 있습니다. 부처님께서는 어리석은 저희들을 위하여 또 부처님께서 열반에 드신 후 이 말씀을 믿지 못하고 죄업의 인연을 일으킬 중생의 의심을 풀어 주시기 바랍니다."

【15-7】 미륵이 이 뜻을 거듭 펴려고 게송으로 말하였다.
① 부처님께서 석가족의 왕자로 출가하여
② 보리수 아래에서 도를 이루신 지가 얼마 되지 않는데
③ 어떻게 이 많은 보살을 교화하셨는지 믿을 수 없습니다.
④ 저희들의 의심을 없애기 위해 사실대로 말씀해주소서.

① 이십오 세 된 젊은이가 백 세 된 백발 노인을
② 이 사람은 내 아들이다라고 말한다면 누가 믿겠습니까?
③ 부처님께서도 도를 이루신 지 얼마 되지 않았는데
④ 이 많은 보살을 교화했다고 한다면 누가 믿겠습니까?

① 수 많은 보살은 한량 없는 옛날부터 보살도를 행하여
② 두려운 마음 전혀 없고 참는 마음 결정되었고
③ 단정하고 위엄 있고 항상 선정에 있으면서
④ 부처의 도를 구하기 위해 이 세계 아래에 있었습니다.

① 저희들은 부처님의 말씀을 듣고 의심하지 않지만
② 오는 세상의 중생을 위하여 말씀하여 주옵소서
③ 어떻게 그 짧은 시간에 이 많은 보살을
④ 교화하고 발심시켜 깨달음에서 물러나지 않게 하였습니까?

제 16 여래수량품

제 16 여래수량품

【16-1】 그 때 부처님께서는 여러 보살과 대중들에게 말씀하셨다.

"수행자들이여, 그대들은 부처님의 진실하고 참된 말을 믿고 이해하도록 하라."

부처님께서는 세 번이나 거듭 이 말씀을 되풀이 하여 대중들에게 말씀하셨다.

이 때 미륵보살이 우두머리가 되어 모든 보살과 대중들이 부처님께 말씀드렸다.

"부처님이시여, 저희들을 위하여 말씀해주시기 바랍니다. 저희들은 진심으로 부처님의 말씀을 믿고 따르겠습니다."

이렇게 세 번을 되풀이 하여 부처님께 간절히 요구하며 다시 말씀드렸다.

"부처님이시여, 저희들을 위하여 말씀해 주시기 바랍

니다. 저희들은 진심으로 부처님의 말씀을 믿고 따르겠습니다."

대중들의 간절한 요구가 계속되자 부처님께서 말씀하셨다.

"그대들은 여래의 비밀하고 신통한 힘을 자세히 들어라. 내가 이생에서 석가족의 카필라 궁전에서 태어나 마갈타에서 도를 이루어 부처가 되었지만, 실제로 도를 이루어 성불한 것은 백천만억 나유타(천억) 겁 전이다. 백천만억 나유타 겁 전부터 나는 이 사바세계에서 법을 설하고 중생을 교화하였으며 다른 국토에서도 법을 설하여 수 많은 중생을 교화하였다. 말하자면 지금 이 우주가 생기기 전의 세계, 그 전의 세계에서 이미 부처가 되어 있었다. 대중들이여, 이것을 셈으로 헤아릴 수 있겠느냐?"

"부처님이시여,
저희들은 그 만큼 한량 없고 끝이 없는 세월은 셈할

수도 없으며 생각할 수도 없으며 상상할 수도 없습니다."

"수행자들이여,
다시 말하건데 내가 도를 이루어 성불한 것은 백천만억 나유타 겁 전이다. 백천만억 나유타 겁 전부터 나는 이 사바세계에서 법을 설하고 중생을 교화하였으며 다른 국토에서도 법을 설하여 수 많은 중생을 교화하였다."

[16-2] 보살들이여,
이생에서 부처를 이룰 것이라는 연등불에게 성불수기를 받은 것은 방편인 것이다.
어떤 사람이 나를 찾아와 법을 물으면 연기를 설해 주기도 하고, 열반을 설해 주기도 하고, 여러 가지 비유를 들어 설명해 주는 것은 그 사람으로 하여금 진리의 문으로 들어오도록 하는 방편인 것처럼 연등불께서 성불수기를 주신 것도 방편일 뿐이다.

보살들이여,

잘 들어라. 내가 설한 모든 경전은 오로지 중생을 제도하기 위하여 그들의 근기에 맞는 그 때 그 때의 방편으로 설한 것임을 알아야 한다. 그러나 여래가 설한 것은 허망한 것이 없다. 왜냐하면 여래는 삼계(우주)에서 일어나는 모든 현상을 실제로 보기도 하고 공함으로도 보기 때문이다. 그러므로 여래는 태어남도 없으며 죽음도 없다는 것을 알며, 세상에 살고 있는 이도 없으며 열반에 드는 이도 없다는 것을 알며, 모든 것이 같지도 않으며 다르지도 않다는 것을 알아 삼계가 공이며 공이 삼계임을 알고 있는 것이다.

여래는 이러한 모든 현상과 본질을 밝게 보아 알고 있지만 중생들의 분별심에 따라 성품과 근기에 맞게 비유를 들어 설해 주는 것이다. 내가 성불한 것은 헤아릴 수 없는 오래 전의 일이지만 중생들을 교화하기 위하여 방편으로 이생에서 성불하고 열반에 든 것이다. 만약 여래가 이 세상에 영원히 머물러 있으면 어리석은 중생들은 항상 여래가 이 세상에 머물러 있음을 보고 애써 노력하고 정진하려는 생각을 내지 않는다. 그러면 박복한 사람들은 선근을 심을려고 애를 쓰지 않으며 가난하고 천하면서도 오욕락을 탐하여 윤회의 굴레를 벗어날 길이 없다. 또한 속은 텅 비었으면서도 교만하여 공경하는 마음을 내지 않으며 부지런히 노력하여 성취하려고 하지 않는다.

그러므로 여래는 방편으로 이렇게 말하는 것이다.

【16-3】'수행자들이여,
부처님이 세상에 오셨을 때 만나 뵙는 것은 어려운 일이다. 더구나 박복한 사람은 한량 없는 백천만억 겁이 지나도록 부처님을 만나 뵙기 어렵다.'
중생이 이 말을 들으면 부처님을 만나기 어렵다는 생

각에 사모하는 마음이 일어나 부처님을 갈망하여 선근을 심게 된다.

그래서 여래는 중생에게 바른 법을 만나기가 어렵다는 것을 보여 주기 위하여 바른 법을 만났을 때 목숨을 걸고 수행 정진하는 계기가 될 수 있도록 방편으로 열반에 드는 것이다.

보살들이여!

여래의 법은 이와 같이 중생을 위하는 것이므로 모두 진실하고 허망하지 않는 것이다.

(제 7 의자유의 비유)

옛날 유명한 의사가 있었는데 그는 환자의 병에 따라 약 처방을 하고 약을 제조하여 모든 병을 낫게 하였다. 그 의사에게는 아들이 열 명이나 있었다. 어느 날 이웃 나라에 환자가 있어 치료하러 간 사이에 아이들이 잘못하여 독약을 먹었다. 아버지가 집에 돌아와 보니 어떤 아들은 정신을 완전히 잃어버렸고, 어떤 아들은 정신을 반쯤 잃고 이리저리 딩굴고 있었다. 반쯤 정신을 잃은 아들들이 아버지를 보고 반가워 하며 말씀드렸다.

"아버지, 잘 다녀오셨습니까?
저희들이 실수로 독약을 먹었습니다. 빨리 해독약을 처방하여 저희들을 구하여 주시기 바랍니다."
아버지는 이러한 상황을 보고 급히 해독하는 약을 처방하여 아들에게 주었더니 반쯤 정신을 잃은 아들은 해독약을 먹고 해독이 되었지만, 완전히 정신을 잃어버린 아들은 아버지가 주는 해독약을 의심하고 먹지 않았다.

[16-4] 아버지는 방편으로써 정신없는 아들에게 해독약을 먹게 하려고 이렇게 말했다. "나는 이제 늙어서 죽을 때가 되었다. 해독약은 여기에 두고 갈테니 생각이 있으면 먹도록 하여라." 그리고 나서 이웃 나라로

간 아버지는 곧 바로 '죽었다'는 소식을 사람을 보내어 아들에게 알렸다. 아버지가 돌아가셨다는 소식을 듣고 상심한 아들들은 슬픔으로 나날을 보내다가 정신이 반쯤 회복되었다. 그러자 아버지가 놓아둔 해독약을 먹고 중독되었던 병이 깨끗하게 나았다. 아들들이 병이 다 나았음을 알고 아버지는 집으로 돌아왔다.

"미륵보살이여, 어떻게 생각하느냐? 이 때 의사가 거짓말을 하였다고 하겠느냐?"

"그렇지 않습니다. 부처님이시여."

"나도 그와 같아서 성불한지가 한량 없지만, 중생을 제도하기 위하여 방편으로써 열반을 보이는 것이다."

부처님께서 이 뜻을 거듭 펴시려고 게송으로 말씀하셨다.

① 내가 성불한 것은 이미 백천만억 아승지 겁 전이며
② 중생을 제도하기 위하여 방편으로 열반을 보이지만

③ 참으로 열반한 것이 아니고 어디서든지 항상 법을 설하고 있느니라.
④ 단지 생각이 뒤바뀐 중생의 눈에는 보이지 않을 뿐이다.

① 중생은 내가 열반함을 보고 사리에 공경하며
② 사모하는 마음으로 부처님을 갈망하여
③ 한결 같은 마음으로 부처를 보고자 목숨을 아끼지 않으면
④ 그 때에 나는 대중들과 함께 영취산에 나타날 것이니라.

① 그 때 내가 중생에게 말하기를
② 항상 여기 있어 멸함이 없지만
③ 중생 위해 멸함을 보일 뿐이다.
④ 여래는 어디서나 항상 법을 설하고 있느니라.

【16-5】① 원래 이 세상은 공적한 정토인 것을,
② 중생의 눈으로 보니 이 세상은 근심 공포 괴로움 가득한 고통의 바다
③ 악업의 인연으로 아승지 겁이 지나도록 불법 듣지 못하나
④ 내 지금 여기 있어 법문 설하여 모두 불법으로 돌아오게 하네.

① 어떤 때는 부처의 수명 한량 없다 설하고,
② 어떤 사람에게는 부처 만나기 어려우니 부지런히 정진하라고 설하고
③ 중생을 향한 부처의 자비와 지혜 광명이 한량 없는데
④ 무수 겁의 수명은 오래 닦은 업으로 얻은 것이니라.

① 훌륭한 의사 좋은 방편으로 중독된 아들의 병 고치려고

② 살았으면서 죽었다고 말한 것처럼
③ 나도 이 세상의 아버지로서 중생의 뒤바뀐 생각 병 고치려고
④ 고통의 바다에서 구제하고자 열반하였다 말하는 것이니라.

① 내가 항상 이 세상에 머물러 있음을 보면 교만하고 방자해져
② 게으르고 오욕락을 탐하여 지옥의 불구덩이에 떨어지나니
③ 근기와 상황에 따라 그때 그때 방편으로 법을 설하여
④ 어리석은 저 중생 어떻게 하면 위 없는 바른 도를 이루게 하나.

제 17 분별공덕품

제 17 분별공덕품

【17-1】 그 곳에 모였던 대중들은 부처님께서 한량 없는 무량 겁 전에 성불하여 부처의 수명이 끝이 없다는 말씀을 듣고 전생과 내생에 대한 확신을 가짐으로 큰 이익을 얻었다.
이 때 부처님께서는 미륵보살에게 말씀하셨다.
"미륵보살이여,
내가 여래의 수명이 끝이 없음을 설하였을 때 육백팔십만억 나유타 중생들이 무생법인을 얻었다. 또 천 배의 보살들이 듣고 지니는 다라니문을 얻었다.
또 한 세계의 수 많은 보살이 말하기에 걸림이 없는 변재를 얻었으며, 한량 없는 선 다라니를 얻었다.
또 삼천대천 세계의 수 많은 보살들은 물러나지 않는 법륜을 굴렸으며, 또한 이천 중천 세계의 수 많은 보살은 청정한 법륜을 굴렸다.

또 소천 세계의 수 많은 보살은 팔 생 만에 위 없는 바른 깨달음을 성취하였다.

또 사사 천하의 수 많은 보살은 사 생 만에 위 없는 바른 깨달음을 성취하였다.

또 삼사 천하의 수 많은 보살은 삼 생 만에 위 없는 바른 깨달음을 성취하였다.

또 이사 천하의 수 많은 보살은 이 생 만에 위 없는 바른 깨달음을 성취하였다.

또 일사 천하의 수 많은 보살은 일 생 만에 위 없는 바른 깨달음을 성취하였다.

또 팔 세계의 수 많은 보살도 모두 위 없는 바른 깨달음을 성취하였다."

부처님께서 이 일을 말씀하실 때 허공에서는 연꽃과 만다라 꽃이 내려 사자좌에 앉아 계시는 여러 부처님과 칠보탑 속에 앉아 계신 다보여래와 석가모니 부처님을 장엄하였으며, 차츰 부처님 주위 뿐만 아니라 삼천대천 세계에까지 꽃비를 뿌렸다.

또한 허공에서는 맑고도 아름다운 소리를 내는 하늘 북이 울렸으며, 보배 향의 향내가 사방으로 퍼져 나갔다. 부처님 머리 위에는 보살들이 번기와 일산을 들고 차례로 이어져 올라가 범천에 이르렀으며, 미묘한 음성으로 부처님을 찬탄하였다.

【17-2】이 때 미륵보살이 자리에서 일어나 오른쪽 어깨를 드러내고 합장하며 부처님을 향하여 게송으로 말씀드렸다.

① 희유한 법 애초에는 듣지 못했는데
② 부처님께서 설하시는 진리의 말씀을 듣고
③ 예전에 들을 수 없었던 대승법문을 듣고
④ 이제 저희들은 기쁨으로 가슴 가득합니다.

① 어떤 보살들은 물러나지 않는 지혜를 얻고
② 어떤 보살들은 변재를 얻고 선 다라니를 얻고
③ 대천 세계 티끌 수의 보살은 물러나지 않는 법륜을 굴리고
④ 중천 세계 티끌 수의 보살은 청정한 법륜을 굴립니다.

① 소천 세계 티끌 수의 보살은 팔 생 후에 부처를 이루며
② 사사 천하 티끌 수의 보살은 사 생 후에 부처를 이루며
③ 삼사 천하 티끌 수의 보살은 삼 생 후에 부처를 이루며
④ 일사 천하 티끌 수의 보살은 일 생 후에 부처를 이룹니다.

① 이러한 보살들은 번뇌가 없는 청정한 과보를 받으며

② 팔 세계 티끌 수 중생은 위 없는 보리심을 일으키며
③ 이러한 중생도 결국에는 일체 지를 이룹니다.
④ 저희들은 기필코 위 없는 바른 깨달음을 성취하겠습니다.

① 제석천왕은 만다라 꽃비를 내리고 범천왕은 전단 향기를 흩으며
② 하늘 북은 저절로 울고 하늘 옷들이 하늘을 장엄하며
③ 부처님 앞에 있는 당간에 번기를 달고 천만 가지 게송으로
④ 부처님 공덕을 노래하니 이러한 일은 일찍이 없었던 일입니다.

"미륵보살이여,
어떤 중생이 부처님의 수명이 끝없음을 듣고 의심함 없이 믿는 마음을 내면 한량 없는 공덕을 얻을 것이

다. 이러한 공덕은 위 없는 바른 깨달음의 성취에 대한 믿음 때문에 생기는 것이다. 만일 어떤 사람이 있어 깨달음을 성취하기 위하여 팔십만억 나유타 겁 동안 보시, 지계, 인욕, 정진, 선정을 행한다 해도 이 공덕은 앞의 공덕보다 백 분의 일에도 미치지 못한다."

【17-3】부처님께서 이 뜻을 거듭 펴시려고 게송으로 말씀하셨다.

① 위 없는 바른 깨달음을 성취하려거든
② 팔십만억 나유타 겁 동안
③ 보시를 베풀며, 계율을 지키며, 모든 것을 참고 견디며
④ 부지런히 정진하며, 마음은 선정에 들어야 하네.

① 모든 보살 대중에게

② 깨끗한 음식과 수행자에 어울리는 의복을 보시하고
③ 숲과 동산을 장엄하며, 절을 짓는데 보시하며
④ 이러한 보시들을 불도를 구하는데 회향하네.

① 계율을 청정하게 지켜 모자람이 없으며
② 여러 가지 나쁜 일에 마음 흔들림 없이 잘 참고 견디며
③ 깨달음의 성취에 대한 생각이 확고하여 부지런히 정진하며
④ 억만 겁을 지나도 한결 같은 마음이네.

① 고요하고 한적한 곳에서
② 마음을 조복 받아 선정에 드네
③ 선정의 공덕으로 위 없는 깨달음을 구하여
④ 일체 지를 획득하여 결국에는 부처를 이루네.

① 어떤 사람이 백천만억 겁 동안
② 오바라밀 행한 공덕 헤아릴 수 없이 크지만
③ 이 경전에서 설한 장구한 수명을 믿는 공덕
④ 이 공덕이 앞의 공덕보다 더 크니라.

① 유정이나 무정이나 모든 생명을 위하여
② 부처님께서는 두려움 없이 법을 설하네.
③ 깊은 믿음이 있어 맑고 깨끗한 마음으로 믿고 따르면
④ 우주가 그대로 불국토이네.

【17-4】"미륵보살이여,
어떤 사람이 부처님의 수명이 끝없음을 듣고 그 뜻을 이해한다면 그 사람은 한량 없는 공덕을 얻을 것이며, 위 없는 바른 깨달음을 성취하겠다는 마음을 낼 것이다.
또한 이 경전을 듣거나, 듣게 하거나, 지니거나, 지니게 하거나, 쓰거나, 쓰게 하거나, 경전에 공양하거나,

공양하게 한다면 그 사람의 공덕은 한량이 없으며 큰 지혜를 얻을 것이다.

어떤 사람이 부처님의 수명이 끝없음을 듣고 그 뜻을 깊이 이해하고 믿는다면 신통으로 부처님께서 영취산에 계시면서 보살 성문 대중들에게 법문하시는 광경을 보게 될 것이다.

또한 땅이 유리와 같아서 평평하고 투명하며, 거리에는 보배나무가 줄 지어 서 있으며, 수행처에는 보살 대중들로 가득한 것을 보게 될 것이며, 이 사바세계가 그대로 불국토가 될 것이다.

미륵보살이여, 여래가 열반한 뒤에 이 경전을 믿어 읽고 기쁜 마음을 일으킨다면 그는 곧 여래를 보는 것과 같은 것이다. 그러므로 이러한 사람은 탑을 쌓은 것과 같으며 절을 지은 것과 같으며 수행자께 공양 올린 것과 같아서 따로 공양할 필요가 없다. 왜냐하면 이 경전을 읽고 외운 것은 칠보로 된 사리탑에 공양하는 공덕과 같으며 오랜 세월 동안 꽃과 향기를 뿌려 세상을 아름답게 하고 밝히는 공덕과 같기 때문이다.

【17-5】미륵보살이여,
여래가 열반한 뒤에 이 경전을 듣고 받아 지니고 쓰거나 다른 사람에게 쓰게 한다면 붉은 전단나무로 된 서른두 칸의 크고 아름다운 절을 지어서 수천 명의 수행자가 거주할 수 있도록 한 것이 된다. 거기에다 원림, 욕지와 산책로와 석굴과 의복, 음식과 침구, 탕약 등 모든 기구가 갖추어져 있으며, 수행하기에 적당한 절이 한량 없이 많아 누구든지 마음만 내면 공부할 수 있도록 갖추어져 있다. 그러므로 이러한 사람은 탑을 쌓은 것과 같으며 절을 지은 것과 같으며 수행자께 공양 올린 것과 같은 것이다.
하물며 이 경전을 받아 지니면서 보시와 지계, 인욕과 정진, 선정과 지혜를 행하면 그 공덕이 한량 없으며,

머지않아 위 없는 바른 깨달음을 성취하게 될 것이다. 또한 어떤 사람이 이 묘법연화경을 바르게 이해하고 받아들여 계행을 청정하게 가지며, 욕됨을 참아 성내지 않으며, 뜻이 견고하고 항상 좌선하기를 좋아하여 깊은 선정에 들며, 용맹하게 정진하여 바른 법을 지키며, 마음을 편안하고 자유롭게 하며, 주위에서 일어나는 일들과 진리에 관한 일에 지혜롭게 대답하는 사람은 이미 위 없는 바른 깨달음을 성취하기 위하여 보리수 나무 아래 가부좌하고 앉아 있는 것과 같다.

미륵보살이여,

이러한 사람이 있는 곳에는 탑을 쌓아 찬탄할 것이며, 부처가 계시는 곳과 같이 예배하고 공양할 것이다. 내가 열반한 후 이 경전을 받아 지니는 공덕 어찌 말로 다 할 수 있겠는가. 칠보 사리탑에 공양하는 공덕, 오랜 세월 동안 꽃과 향기로 공양하며 세상을 아름답게 밝히는 공덕, 절을 지어 보시하는 공덕, 이 경전을 지니는 공덕과 같다.

누구든지 이 경전을 받아 지니고 경전의 가르침대로 깨달음을 성취하기 위하여 보시, 지계, 인욕, 정진, 선정을 행하는 수행자를 보거든 부처님 본 듯 마음을 내라. 이러한 사람은 곧 도를 이루어 세상을 크게 이익되게 할 것이다."

【17-6】 부처님께서 이 뜻을 거듭 펴시려고 게송으로 말씀하셨다.
① 내가 열반한 후 이 경전을 받아 지니는 공덕
② 어찌 말로 다 할 수 있겠는가.
③ 칠보 사리탑에 공양하는 공덕과 같으며
④ 꽃과 향기로 공양하여 세상을 아름답게 하는 공덕과 같다.

① 우두 전단의 좋은 나무로 절을 지어 보시하는 공덕

② 승당이 서른두 칸이나 되며 높이가 팔 다라수나 되는
③ 큰 절을 지어 장엄하는 공덕
④ 이 경전을 지니는 공덕과 같느니라.

① 어떤 사람이 이 경전을 받아 지니고
② 경전의 가르침대로 깨달음을 성취하기 위하여
③ 계행을 지키며 참고 견디는 공덕
④ 어찌 말로 다 할 수 있겠는가.

① 어떤 사람이 이 경전을 받아 지니고
② 경전의 가르침대로 깨달음을 성취하기 위하여
③ 부지런히 정진하며 선정을 닦는 공덕
④ 어찌 말로 다 할 수 있겠는가.

① 어떤 사람이 이 경전을 받아 지니고
② 경전의 가르침대로 깨달음을 성취하기 위하여

③ 교만하고 편견된 마음을 버리고 지혜를 생각하는 공덕
④ 어찌 말로 다 할 수 있겠는가.

① 이러한 수행자를 보거든
② 부처님 본 듯 마음을 내라.
③ 이러한 사람은 곧 도를 이루어
④ 세상을 크게 이익 되게 하리라.

제 18 수희공덕품

제 18 수희공덕품

【18-1】그 때 미륵보살이 부처님께 여쭈었다.
"부처님이시여, 만약 이 묘법연화경을 듣고 기뻐하는 마음을 내어 다른 사람에게 전하는 사람은 어떤 공덕이 있습니까?"
미륵보살이 게송으로 한 번 더 말씀드렸다.

① 부처님께서 열반에 드신 후
② 이 경전을 듣고
③ 따라서 기뻐하는 사람은
④ 어떤 공덕이 있습니까?

"미륵보살이여,
내가 그 공덕을 말할 것이니 잘 들어라. 여래가 열반에 든 뒤 출가 수행자나 재가 수행자들 중에서 이 경전을 읽고 지녀서 기뻐하며 법회가 열리는 곳에서나 한적한 곳에서나 거리에서 다른 사람에게 전하고 이 사람이 또 다른 사람에게 전하여 오십 번째 되는 사람의 공덕은 다음과 같다. 사백만억 아승지 세계의 지옥, 아귀, 축생, 아수라, 사람, 하늘의 육도 중생과 태생, 난생, 습생, 화생의 중생과 유형, 무형의 중생과 유상, 무상, 비유상, 비무상의 중생 등 이 우주에 존재하고 있는 단세포 생물로부터 하늘 사람에 이르기까지 모든 생명에게 금 은 등 여러 가지 보물과 코끼리, 말 등 여러 가지 짐승과 궁전과 누각 등 물질적인 보시를 팔십 년 동안 하였으며, 그 후에는 부처님의 법으로 법보시를 하여 그들이 수다원과 사다함과 아나함과 아라한도를 얻었고, 모든 번뇌가 없어져서 깊은 선정에 들었다면, 이 사람의 공덕은 어떻겠느냐?"
"부처님이시여,
이 사람의 공덕은 한량이 없습니다. 팔십 년 동안 물

질적인 보시만 하더라도 한량이 없는데 하물며 아라한과를 얻게 되었는데 무엇을 더 말하겠습니까?"

[18-2] "그렇다. 미륵보살이여,
그 공덕은 한량이 없다. 그렇지만 오십 번째 이 묘법연화경을 읽고 지니고 전한 사람의 공덕과 비교한다면 이 사람의 공덕은 백 분의 일에도 미치지 못한다. 하물며 처음 이 경전을 받아 지녀 읽고 전한 사람의 공덕은 말해 무엇하겠느냐!
미륵보살이여,
어떤 사람이 이 경전의 한 구절이라도 들었다면 이 인연으로 다음 생에는 코끼리와 말과 금과 은 같은 재물이 많은 부유한 집에 태어날 것이며, 또한 하늘나라에도 태어날 것이다.
이 경전을 설하는 것을 듣고 있던 어떤 사람이 자신의 자리를 다른 사람에게 양보해 준다면 그 사람은 다음 생에는 제석천왕이나 범천왕이나 전륜성왕의 자리에 앉게 될 것이다.

어떤 사람이 이 경전 설함을 알고 함께 가서 듣기를 권하여 한 구절이라도 듣는다면 그 사람은 이 공덕으로 수행이 뛰어난 보살과 함께 있게 될 것이다. 다음 생에 몸을 받을 때 성품이 뛰어나고 지혜가 있으며, 벙어리나 말더듬이나 언청이로 태어나지 않으며, 입에서 냄새가 나지 않으며, 입과 혀에는 병이 없으며, 이빨은 희고 가지런하며, 부스럼도 없으며, 납작 코도 아니어서 다른 사람들이 싫어하지 않으며, 날 때부터 부처님 법을 만나게 될 것이다.

【18-3】 미륵보살이여,

한 사람을 불법으로 이끌어도 공덕이 이렇게 한량 없는데 이 경전을 받아 지니고 읽고 외우고 경전대로 수행하는 사람의 공덕은 어떻게 말로 다 표현할 수 있겠느냐?"
부처님께서 이 뜻을 거듭 펴시려고 게송으로 말씀하셨다.

① 어떤 사람이 묘법연화경 설함을 듣고
② 한 게송만이라도 기뻐하면서 다른 사람에게 설하여
③ 차례로 전하여 오십 번째 사람에게 이를 때
④ 이 사람이 얻는 공덕 다음과 같느니라.

① 어떤 사람이 금 은 보화를 팔십 년 동안 보시하고
② 그 후에 법을 설하여 아라한도를 얻게 하여
③ 육신통과 삼명과 팔해탈을 성취하게 한 공덕
④ 이 공덕보다 더 크니라.

① 세세생생 입병이 없고 이빨은 튼튼하며
② 입술은 알맞게 두터우며 혀는 적당하게 길며
③ 코는 높고 이마는 넓고 반듯하며

④ 이 경전 설함을 들은 공덕으로 이런 과보 받느니라.

① 얼굴과 눈은 모두 단정하며
② 사람들이 기쁘게 대하며 입에는 냄새가 없고
③ 몸에서는 우담발라 향기가 나며
④ 이 경전 설함을 들은 공덕으로 이런 과보를 받느니라.

① 법화경 들으려고 절을 찾아가는 공덕
② 인간이나 하늘에 태어나서
③ 코끼리, 말, 수레와 보배로 꾸민 가마를 타고
④ 하늘 궁전에 오르는 과보를 받느니라.

① 이 법문 설하는 곳에서 사람들에게 전하여 듣게 하는 공덕
② 하늘과 인간 몸 받더라도 귀하게 태어나며
③ 제석과 범천과 전륜왕의 자리를 얻네.
④ 이 경전 뜻을 이해하고 행하는 자 그 공덕 끝이 없네.

제 19 법사공덕품

제 19 법사공덕품

【19-1】그 때 부처님께서 상정진보살에게 말씀하셨다. "어떤 사람이 이 묘법연화경을 받아 지녀 읽고 외우고 쓰거나 해설한다면 이 사람은 눈의 팔백 공덕과 귀의 일천이백 공덕과 코의 팔백 공덕과 혀의 일천이백 공덕과 몸의 팔백 공덕과 뜻의 일천이백 공덕을 얻어 모두 청정할 것이다.

이 사람은 청정한 눈으로 삼천대천 세계를 보며, 아래로는 아비지옥에서부터 위로는 색구경천을 보며, 모든 중생의 업과 인과를 분명히 보고 태어나며 죽음에 대해서도 분명히 알고 있다.

부처님께서 이 뜻을 거듭 펴시려고 게송으로 말씀하셨다.

① 대중 가운데 두려움 없는 마음으로

② 이 경전을 해설하는 사람의 공덕을 들어 보라
③ 이 사람은 팔백 가지 훌륭한 눈의 공덕을 얻어
④ 그 눈은 매우 청정하리라.

① 부모가 낳아 준 눈으로 삼천대천 세계를 보며
② 미루산과 수미산과 철위산을 모두 보고
③ 산과 숲과 바다와 강 모든 생명을 훤하게 보며
④ 색구경천에서 아비지옥까지 모든 세계를 훤히 보게 되리라.

상정진보살이여,
어떤 사람이 이 묘법연화경을 받아 지녀 읽고 외우고 쓰거나 해설한다면 귀의 일천이백 공덕을 얻을 것이다. 이 청정한 귀로 삼천대천 세계에 있는 아래로는 아비지옥에서부터 위로는 색구경천에 이르기까지 모든 육도 중생의 말과 음성을 들을 수 있다. 코끼리 소리, 말 소리, 수레 소리, 북 소리, 방울 소리, 사람의 소리, 하늘의 소리, 용의 소리, 야차의 소리, 건달바의 소리, 아수라의 소리, 가루라의 소리, 긴나라의 소리, 마후라가의 소리, 바람 소리, 지옥의 소리, 축생의 소리, 아귀의 소리, 성문의 소리, 벽지불의 소리, 보살의 소리, 부처의 소리를 들을 수 있다.
부모가 낳아 준 청정한 귀로 삼천대천 세계의 온갖 소리를 들을 수 있다.

【19-2】 부처님께서 이 뜻을 거듭 펴시려고 게송으로 말씀하셨다.

① 이 경전을 해설한 공덕은 부모가 낳아 준 귀로
② 삼천대천 세계에서 일어나는 모든 소리를 들으리라.
③ 짐승 우는 소리 풍경 소리 북 소리 비파 소리 노래 소리

④ 어떤 소리 듣더라도 집착함이 없네.

① 하늘에서 울려퍼지는 아름다운 소리
② 깊은 산과 골짜기에서 들려오는 가릉빈가의 소리
③ 남자와 여자등 모든 사람의 소리
④ 부모가 낳아 준 귀로 이러한 소리들을 모두 듣고 알 수 있네.

① 지옥에서 괴로워 하는 신음 소리, 아귀가 배고파
② 음식 찾는 소리, 아수라들이 싸우는 시끄러운 소리
③ 아래로는 아비지옥에서 위로는 유정천까지 그 많은 소리
④ 모두 들어도 귀는 다치지 않으며 모든 소리 분별해 아느니라.

① 광음천이나 색구경천의 하늘 나라의 모든 말과 소리

② 수행자들이 경을 읽고 외우고 설해 주는 소리
③ 보살들이 중생을 교화하는 소리
④ 법사는 여기 있으면서 모두 다 들을 수 있네.

① 거룩하신 부처님께서 중생을 교화하기 위하여
② 대중들 가운데서 미묘한 법 설하시는 소리
③ 법화경 받아 지니는 이는 모두 다 들을 수 있네.
④ 그 귀는 총명하여 모두 분별해 아느니라.

【19-3】 상정진보살이여,
어떤 사람이 이 경전을 받아 지녀 읽거나 외우거나 해설하거나 이 경을 쓴다면 그 공덕으로 그의 코는 팔백 공덕을 성취하게 된다.
이 청정한 코로 삼천대천 세계에 있는 모든 냄새를 맡을 수 있다.
즉 수만나화 향기, 사제화 향기, 적련화 향기, 청련화 향기, 백련화 향기, 과수향 향기, 전단향 향기등 꽃과 과실의 향기와 코끼리 냄새, 말 냄새, 소 냄새, 양 냄새등 짐승 냄새와 남자 냄새, 여자 냄새, 중생 냄새, 풀 냄새, 나무 냄새등 모든 냄새를 맡을 수 있으며, 분별하여 착오가 없다. 또한 하늘나라 향기등 모든 향기를 맡으며, 제석천왕이 궁전에서 오욕락을 즐기면서 노닐 때의 향기, 묘법당에서 도리천에게 설법할 때의 향기, 동산에서 여유롭게 산책할 때의 향기등 모든 하늘사람에게서 나는 향기를 멀리서도 맡을 수 있다.

아비지옥의 냄새에서 색구경천의 향기까지 모든 냄새와 향기를 맡지마는 코는 병들지 않고 분별심을 내지도 않는다.

또 성문의 향기, 벽지불의 향기, 보살의 향기, 부처님의 향기를 멀리서 맡고도 그들이 있는 곳을 알 수 있다.

부처님께서 이 뜻을 거듭 펴시려고 게송으로 말씀하셨다.

① 또한 부모가 낳아 준 코로
② 수만나화 향 사제 향 다마라발 전단 향
③ 침수 향 계수 향 가지가지 꽃과 과실의 향기
④ 삼천대천 세계의 모든 향기를 맡느니라.

① 부모가 낳아 준 청정한 코로
② 중생들의 냄새, 남자의 냄새, 여자의 냄새
③ 멀리서 맡고도 그들이 있는 곳을 알며
④ 향기만 맡아도 생각하고 있는 것을 알게 되느니라.

① 몸에 지니고 있는 보물 땅에 묻혀 있는 보물
② 향기만 맡고도 그것이 있는 곳을 알며
③ 하늘 사람들이 하는 행위, 신통 변화를 부리는 일
④ 법화경을 지니는 이는 향기만 맡고도 모두 아느니라.

① 아수라와 그들의 권속들의 냄새만 맡아도

② 싸우고 즐기고 하는 모든 감정을 알며
③ 사자와 코끼리와 호랑이와 이리와 들소와 물소
④ 짐승들의 향기만 맡아도 그들이 있는 곳을 아느니라.

① 아기를 임신한 냄새만 맡아도
② 아들인지 딸인지 알 수 있으며
③ 복 되고 총명한 지 박복하고 어리석은 지 알 수 있으며
④ 냄새만 맡아도 사람들의 행실과 생각을 알 수가 있네.

【19-4】① 하늘에 있는 여러 가지 꽃, 만다라 꽃 만수사 꽃
② 향기만 맡아도 알 수 있으며
③ 하늘 동산과 하늘 궁전 수 많은 누각에서 일어나는 일
④ 바람에 실려오는 향기만 맡아도 알 수가 있네.

① 천신들이 법을 듣거나 오욕락을 즐기는 것도
② 바람에 실려오는 향기만 맡아도 알 수 있으며
③ 범천 세계의 사람들이 선정에 드는 일도
④ 구름에 묻혀 오는 향기만 맡아도 알 수가 있네.

① 광음천 변정천 색구경천까지
② 태어나고 소멸하는 것도 향기만 맡아도 알 수 있으며
③ 대중들이 정진하며 나무 아래에서 좌선하는 것도
④ 바람에 실려오는 향기만 맡아도 있는 곳을 알 수가 있네.

① 보살들이 중생에게 법을 설하는 것도
② 부처님께서 중생의 공양을 받는 일, 설법하는 일
③ 향기만 맡아도 모두 알 수 있으며
④ 이 경전을 해설한 공덕으로 이러한 코를 얻게 되느니라.

상정진보살이여,

어떤 사람이 이 경전을 받아 지녀 읽거나 외우거나 해설하거나 이 경을 쓴다면 그 공덕으로 그의 혀는 일천이백 공덕을 성취하게 된다.

그의 청정한 혀는 맛이 좋거나 맛이 없거나 짜거나 싱겁거나 떫거나 써거나 하더라도 맛에 분별하지 않으며, 그의 혀에 닿는 것은 모두 좋은 맛으로 변하여 하늘나라의 감로수가 된다.

대중들에게 연설할 때도 깊고 묘한 음성으로 뛰어난 변재로 모두를 기쁘게 하여 마음을 흡족하게 하며, 이 경전을 들으면 지옥에서부터 하늘나라에 이르는 모든 육도 중생도 기쁜 마음을 내어 부처님의 품안으로 돌아오게 된다.

용, 야차, 건달바, 아수라, 가루라, 긴나라, 마후라가들도 그의 혀로 설해지는 법을 듣기 위하여 모두 공경하며 공양한다.

또 비구, 비구니, 우바새, 우바이, 임금, 대신, 신하들과 그들의 권속들도 법을 설하는 것을 듣기 위하여 모여들며, 크고 작은 전륜왕들도 법을 설하는 것을 듣기 위하여 그의 권속들과 함께 모여들며, 법을 설하는 것을 한 번이라도 들은 사람들은 목숨이 다 할 때까지 따라 다니며 이 경전을 설한 사람을 공양한다.

또 성문과 벽지불과 보살과 부처님들도 깊고 묘한 음성으로 그가 법을 설하는 것을 듣기 좋아하며, 부처님께서 법을 설하실 때도 항상 그가 있는 곳을 향하여 법을 설하시므로 부처님의 법을 능히 받아 지니게 된다. 그는 언제나 깊고 묘한 음성을 내게 된다.

【19-5】 부처님께서 이 뜻을 거듭 펴시려고 게송으로 말씀하셨다.

① 그의 혀는 깨끗하여 맛있는 것이나 맛없는 것이나

② 그 사람이 먹는 것 모두 감로가 되네.
③ 깊고 미묘한 음성으로 대중들에게 법을 설할 때
④ 듣는 사람 모두 기뻐하며 공양 올리네.

① 전륜성왕이나 그의 권속들과 범천왕이나 자재천도
② 즐거운 마음으로 설법하는 데 모여드네.
③ 부처님과 제자들도 그의 음성을 들으면
④ 그를 수호하며 어떤 때는 신통으로 몸까지 나타내네.

상정진보살이여,
어떤 사람이 이 경전을 받아 지녀 읽거나 외우거나 해설하거나 이 경을 쓴다면 그 공덕으로 그의 몸은 팔백 공덕을 성취하게 된다.
청정한 몸은 투명한 유리와 같아 중생이 보기를 좋아하며, 그의 몸이 청정하므로 삼천대천 세계의 중생들의 태어나는 때와 죽는 때가 모두 그의 몸에 나타나며, 좋은 곳에 태어나는 지 나쁜 곳에 태어나는 지 그것도 모두 그의 몸에 나타난다.

또 그는 청정한 몸으로 삼천대천 세계에 있는 어떤 형상이나 모양도 분별하지 않으며, 지옥에서부터 하늘 나라에 이르는 모든 중생의 형상과 모양이 그의 청정한 몸 안에 모두 나타나며, 성문과 보살까지도 그의 청정한 몸 안에 나타나며, 부처님이 설하는 법문도 그의 청정한 몸 안에 형상으로 나타난다.

부처님께서는 이 뜻을 거듭 펴시려고 게송으로 말씀하셨다.

① 법화경을 받아 지니는 이는 몸은 청정하고 깨끗하여
② 유리같이 투명하여 중생들이 보기를 좋아하네.
③ 깨끗한 맑은 거울에 온갖 것 다 비치듯이
④ 깨끗한 몸에 세상의 모든 것 다 비쳐 보이네.

① 삼천대천 세계의 모든 생물
② 하늘 사람 아수라 지옥 축생등 모든 형상이
③ 깨끗한 그의 몸에 나타나며
④ 청정한 보통 몸으로 모든 것 나타내리라.

① 성문과 벽지불과 보살들과 부처님들
② 대중들을 거느리고 설법하는 일 모두 나타나고
③ 비록 무루의 법신은 얻지 못했다 하더라도
④ 청정한 보통 몸으로 모든 것 다 나타내리라.

【19-6】 상정진보살이여,
어떤 사람이 이 경전을 받아 지녀 읽거나 외우거나 해설하거나 이 경을 쓴다면 그 공덕으로 그의 마음은 일천이백 공덕을 성취하게 된다.
이 청정한 마음으로 경전의 한 구절만이라도 듣거나 읽거나 쓰거나 하면 그 경전에 능통하게 된다.

이 이치를 통달하면 다른 사람에게 연설할 때도 실상과 잘 계합하게 한다.
만약 그가 세속적인 책을 읽고 사업 등을 말하더라도 바른 법에 어긋나지 않는다.
삼천대천 세계에 있는 육도 중생이 마음으로 행하는 일과 마음의 작용을 모두 알고 있으며, 항상 말과 행동이 부처님의 법에 어긋나는 것이 없다.
부처님께서 이 뜻을 거듭 펴시려고 게송으로 말씀하셨다.

① 마음은 청정하고 맑아 세상의 모든 이치 터득하리라.
② 하늘에서 지옥까지 중생들의 마음에서 일어나는 모든 일 알며
③ 여러 법의 모양을 알며, 이치에 따라 관계를 알아
④ 능숙한 말솜씨로 법을 설함은 이 법화경을 해설한 공덕이니라.

① 법화경을 지니는 이는 마음이 깨끗해서
② 무루의 법신은 얻지 못해도
③ 이 경전 지니는 공덕으로 항상 최상의 자리에 머물며
④ 모든 중생이 기뻐하여 공경하며 공양할 것이니라."

제 20 상불경보살품

제 20 상불경보살품

【20-1】 그 때 부처님께서 주위를 둘러보시며 득대세보살에게 말씀하셨다.
"득대세보살이여,
이 법화경을 지니고 있는 비구와, 비구니, 우바새와 우바이를 어떤 사람이 욕하거나 비방하면 큰 죄를 받을 것이다. 이 경전을 받아 지니는 비구와 비구니, 우바새와 우바이는 그 공덕으로 눈과 귀와 코와 혀와 몸과 뜻이 청정해 질 것이다.
득대세보살이여,
지나간 옛날 한량 없는 아승지 겁 전에 위음왕 부처님이 계셨으며, 겁의 이름은 이쇠이며, 국토의 이름은 대성이었다. 위음왕 부처님께서는 하늘 사람 아수라를 위하여 법을 설하였는데, 성문을 구하는 이에게는 사성제법을 설하여 나고 늙고 병 들고 죽는 일에서 벗어나 마침내 열반에 들게 하였으며, 벽지불을 구하는 이에게는 십이연기법을 설하였으며, 보살들에게는 육바라밀법을 설하여 마침내 부처의 지혜를 얻게 하였다.
득대세보살이여,

이 위음왕여래의 수명은 사십만억 나유타 겐지즈 강의 모래수 만큼 많은 겁이었으며, 정법이 세상에 머무는 기간은 남섬부주의 티끌 수 겁이었으며, 상법이 세상에 머무는 기간은 사 천하의 티끌 수 겁이었다. 이 부처님은 겐지즈 강의 모래수 보다 더 많은 한량 없는 중생을 이익되게 하신 후 열반에 드셨다.

그 후에 위음왕여래라는 이름으로 이만억 부처님이 출현하여 끝없이 중생을 교화하고 제도하였다. 마지막 위음왕여래께서 열반에 드신 뒤 정법이 없어지고 수행자들은 부지런히 수행 정진하지 않고 스스로 잘난체 하였다. 이 때 한 수행자가 있었으니 이름이 상불경보살이었다.

득대세보살이여,

이 상불경보살은 누구든지 보기만 하면 '미래의 부처님이여, 당신을 공경하고 찬탄합니다. 그대는 부지런히 수행정진하며 보살도를 행하여 마땅히 성불할 것입니다.'라고 하였다. 대중들 중에 성품이 나쁜 이는 욕을 하며 말하기를 '이 무식한 비구야, 너의 앞도 제대로 닦지 못하면서 누구에게 성불 수기를 주느냐?'라고 하였다. 모든 대중이 여러 해 동안 욕을 하고 경멸하여도 웃으면서 '그대들은 마땅히 성불할 것입니다.'라고 하였다.

이렇게 말할 때마다 대중들은 상불경보살을 욕하고 경멸하고 막대기로 때리기고 하고 돌을 던지기도 하였지만 상불경보살은 오히려 성 내지도 않고 '미래의 부처님'하면서 웃으면서 받아들였다.

그의 태도가 항상 이러하므로 잘난체 하는 비구, 비구니, 우바새, 우바이들이 별명을 지어 상불경이라 불렀다."

[20-2] 이 보살이 열반에 들 때에 허공에서 위음왕 부처님께서 묘법연화경 전부를 설하여 주었다.
이 경전을 모두 들은 상불경보살은 눈과 귀와 코와 혀와 몸과 뜻이 청정해지고, 수명이 연장되어 이백만억 나유타 동안 수 많은 사람들에게 이 묘법연화경을 연설하였다.
그 당시 상불경보살을 업신여기고 천대하며 잘난체 하던 수행자들도 그가 신통을 얻어 생긴 뛰어난 말 재주와 고요하고 그윽한 힘을 보고 교만심을 버리고 진정한 수행자가 되었으며 위 없는 바른 깨달음을 성취하는 마음을 내게 되었다.
수명이 다 한 후에 다시 태어나 일월등명부처님이 계시는 국토에서 묘법연화경을 연설하였다. 그 인연으로 다시 운자재등왕 부처님이 계시는 국토에서 태어나 묘법연화경을 연설하였다.

득대세보살이여,

이 상불경보살은 여러 부처님께 공양하고 공경하고 찬탄하며 선근을 심었으며, 그 후에도 천만억 부처님이 계시는 국토에서 태어나 부처님을 친견하고 지극 정성으로 모시면서 이 경전을 연설하였다. 이 공덕으로 마침내 그는 성불하여 부처가 되었다.

득대세보살이여,

그 때의 상불경보살이 바로 나의 전생이었으며, 이 묘법연화경을 읽고 지니고 외우고 연설한 공덕으로 빨리 부처를 이루게 된 것이다. 그 때 나를 업신여기고 천대한 수행자들은 이백억 겁 동안 부처님도 만나지 못하고 바른 법도 만나지 못하고 바른 수행자도 만나지 못하였으며, 또한 그 과보로 일천 겁 동안 아비지옥에서 고통을 받았다.

득대세보살이여,

그 때 상불경보살을 경멸하였던 사람들은 과보를 받고 다시 불법의 품으로 돌아오게 되었다. 그 때 상불경보살을 경멸하던 이는 지금 대중 가운데 있는 발타바라보살등 오백 보살이며, 오백 비구이며, 니사불 우바새등 오백 우바새들이다. 그들도 이제는 위 없는 깨달음을 성취하겠다는 서원이 조금도 흐트러지지 않는 수행자가 되었다.

득대세보살이여,

이 묘법연화경은 모든 보살에게 큰 이익이 되어 위 없는 바른 깨달음을 성취하게 한다. 그러므로 보살들은 내가 열반한 뒤에도 이 경전을 항상 받아 지니고 읽고 외우고 연설하는데 힘써야 할 것이다.

【20-3】 부처님께서 이 뜻을 거듭 펴시려고 게송으로 말씀하셨다.

① 지난 세상에 위음왕 부처님이 계셨으며
② 신묘한 지혜로 한량 없는 중생을 제도하였네.
③ 하늘 사람 용 귀신들도 공양하였는데
④ 부처님 열반에 드신 후 정법은 끝나고 말법 시대가 되었네.

① 이 때 상불경이라는 보살이 있었으니
② 여러 대중이 법에 집착하는 것을 보고
③ '미래의 부처님, 당신을 찬탄합니다.'라고 하니
④ 모든 대중이 멸시하고 욕 하지만 잘 참고 견디었네.

① 만나는 대중들마다
② '미래의 부처님이여, 당신을 공경하고 찬탄합니다
③ 그대는 보살도를 행하여
④ 마땅히 성불할 것입니다' 라고 말했네.

① 상불경보살이 숙세의 인연 다 하여 열반에 들려고 하는데
② 법화경 들은 신통의 힘으로 몸과 정신 청정해져
③ 다시 수명을 이었으며
④ 수 많은 세월 동안 다른 사람 위하여 이 법화경을 설했네.

① 법에 집착하는 교만한 대중들
② 상불경의 교화로 불법에 돌아오고
③ 이러한 인연으로 공덕이 빨리 자라
④ 상불경보살은 빨리 부처의 도를 이루게 되었네.

① 그 때의 상불경이 지금의 이 몸이요
② 그 때 형상과 법에 집착했던 대중들은
③ 지금 여기 모여 있는 오백 명의 보살이며
④ 오백명의 비구이며 오백명의 우바새들이네.

① 나는 이전 세상에도 이 경전을 지니고 연설 했으며
② 앞으로도 최고의 가르침인 이 경전을 연설할 것이고
③ 한결 같은 마음으로 이 경전을 설할 것이니
④ 하루 빨리 부처님 만나 이 법 듣고 성불할 것이니라.

제 21 여래신력품

제 21 여래신력품

【21-1】그 때 땅 속에서 올라온 수 많은 보살이 자리에서 일어나 일심으로 합장하고 부처님께 말씀드렸다.
"부처님이시여, 저희들이 부처님께서 열반하신 뒤에 부처님의 분신이 계시는 국토와 열반하신 곳에서 이 경전을 널리 연설하겠습니다."
이 때 부처님께서는 문수보살과 사바세계에 있던 수 많은 보살과 출가 수행자들, 재가 수행자들, 하늘, 용, 야차, 아수라, 사람, 사람 아닌 것들 등의 대중들 앞에서 신통을 나타내시며 털 구멍마다 여러 가지 빛깔의 광명을 놓아 삼천대천 세계를 모두 비추었다.
사자좌에 앉아 계시던 부처님들도 모두 신통으로 털 구멍마다 여러 빛깔의 광명을 놓아 삼천대천 세계를 모두 비추니 모든 국토가 여섯 가지로 진동하였다. 무수한 중생은 부처님의 이러한 신통력에 힘 입어 사바세계에서 보배나무 아래 사자좌에 앉아 계시는 여러 부처님을 보았으며, 보배탑 속의 사자좌에 앉아 계시는 다보여래와 석가모니 부처님을 보았으며, 백천만억 보살과 사부대중들이 부처님을 공경하며 둘러 싸고 앉아 있는 모습을 보았다.

이러한 광경을 본 중생들은 기뻐하며 마음이 편안하고 충족됨을 느꼈으며, 그 때 허공에서 문득 소리가 들렸다.

"백천만억 아승지(헤아릴 수 없는 많은) 세계를 지나 국토가 있으니 이름이 사바세계이며, 석가모니 부처님이 계셔서, 지금 보살들을 위하여 묘법연화경이라는 대승경전을 설하려고 하신다. 이 경전은 보살들을 가르치는 경이며, 부처님께서 심중에 깊이 간직하시는 경이다. 그대들은 합장하고 예배하도록 하여라."

중생이 합장하여 공경하며 '석가모니불 석가보니불'하며 부처님의 명호를 큰 소리로 불렀다.

그리고 꽃과 향과 금 은 보화등 여러 가지 보배를 사바세계를 향해 던졌다. 이것들이 모두 변하여 보배 휘장이 되어 부처님을 장엄하였으며, 이 때 시방세계가 툭 터져 막힘이 없는 하나의 세계가 되었다.

이 때 부처님께서는 상행보살과 모든 대중에게 말씀하셨다.

"부처님의 신통력은 한량이 없고 가이 없어서 생각할 수도 없으며 의논할 수도 없다. 이 경전을 받아 지니는 공덕 또한 그와 같다. 이 경전에는 여래의 자재하신 신통력과 여래의 비밀한 법장이 모두 들어 있다.

【21-2】 그러므로 그대들은 여래가 열반한 뒤에 한결같은 마음으로 받아 지니고 읽고 외우고 해설하고 쓰고 내용대로 수행하여라.

어떤 국토에서나 이 경전을 받아 지니고 읽고 외우고 해설하고 쓰고 내용대로 수행하는 사람과 이 경전이 있는 곳이면 그 곳이 바로 도량이니 탑을 쌓아 찬탄하고 공경하여야 한다.
모든 부처님이 이 경전으로 위 없는 바른 깨달음을 얻었으며, 모든 부처님이 이 경전으로 법륜을 굴리며, 모든 부처님이 이 경전을 통하여 열반에 드신다."
부처님께서 이 뜻을 거듭 펴시려고 게송으로 말씀하셨다.

① 부처님께서 중생의 믿음 견고하게 하려고
② 신통을 보이시니 부처님의 설함은 범천에 이르고
③ 몸에서 끝없는 광명 놓으며, 손가락을 튕기시니
④ 시방세계에 두루 퍼져 땅이 여섯 가지로 진동하네.

① 부처님 열반하신 뒤 이 경전을 받아 지니는 공덕
② 시방의 허공과 같아 끝이 없으며
③ 이 경전을 지니는 이의 찬탄함도 한량이 없네.

④ 이 경전을 지니는 이는 이미 나를 본 것과 같느니라.

① 이 경전을 지니는 이는
② 다보여래와 여러 분신 부처님을 보았으며
③ 지금 내가 보살들을 교화하는 것도 보았으며
④ 오래지 않아 최고의 깨달음을 성취하리라.

① 이 경전의 인연과 관계를 알고
② 뜻 따라 실상대로 법을 설하면
③ 햇빛이 어둠을 물리치듯
④ 세간의 모든 중생의 무명을 깨뜨리네.

① 한량 없는 보살들을 교화하여서
② 마침내는 부처 되는 일불승에 머물게 하리니
③ 내가 열반한 뒤에도 이 경전을 받아 지니라.
④ 확고한 믿음으로 결국에는 부처 이루리라.

제 22 촉루품

제 22 촉루품

【22-1】 그 때 석가모니 부처님께서 법상에서 일어나 오른손을 들어 보살들의 이마에 얹으면서 세 번이나 거듭 말씀하셨다.

"내가 백천만억 아승지 겁 동안 피 나는 수행정진 끝에 성취한 위 없는 바른 깨달음을 이제 너희들에게 부촉하니 너희들은 지극 정성으로 이 법을 연설하여 사바세계에서 대승법이 끊어지지 않도록 하여라.

여래의 지혜와 자비는 끝이 없어서 모든 중생에게 주고도 남는다. 그러므로 너희들도 여래의 법을 다른 사람들에게 베푸는 것에 인색하지 말라.

오는 세상에 어떤 사람이 있어 불법을 믿고 따르면 이 묘법연화경을 설하여 위 없는 바른 깨달음에 이르도록 마음을 내게 할 것이다. 불법을 믿지 않는 사람을 만나면 그 사람에게 바른 삶의 모범을 보여 불법을 바로 알게 하고 기쁜 마음으로 믿게 하여라. 그렇게 하는 것이 부처님의 은혜에 천만 분의 일이라도 보답하는 것이 되는 것이다."

여러 보살이 자리에서 일어나 합장하여 입을 모아 세 번이나 거듭 말했다.

"부처님이시여, 말씀하신대로 받들어 불법을 널리 전파하겠습니다."

"여러 분신 부처님께서는 이제 자신의 국토로 돌아갈 시간이 되었습니다. 다보여래께서는 여기 모인 대중들을 위하여 조그만 더 계시옵소서."

이러한 장엄한 광경을 지켜보고 있던 다보여래와 분신 부처님들과 상행보살과 모든 대중은 부처님의 말씀을 듣고 크게 기뻐하였다.

① 부처님의 지혜와 자비는 끝이 없어서
② 중생들에게 부처님의 법을 아무리 베풀어도 다 함

이 없네.

③ 수행자에게 이 법화경을 설하여 깨달음을 성취하게 하라.

④ 그렇게 하면 부처님의 은혜에 조금이라도 보답하게 되리라.

제 23 약왕보살본사품

제 23 약왕보살본사품

【23-1】그 때 수왕화보살이 부처님께 여쭈었다.
"부처님이시여,
모든 중생의 병을 고쳐 주시는 약왕보살이 어떤 인연으로 사바세계에 계십니까? 과거 수억 겁 동안 어떤 고행과 수행정진으로 약왕보살이 되었는지 여기 모인 모든 대중이 궁금해 하고 있습니다. 저희들을 위하여 말씀해 주시면 고맙겠습니다."
"수왕화보살이여,
아득한 옛날 한량 없는 겐지즈 강의 모래만큼 많은 겁 이전에 일월정명덕여래라는 부처님이 계셨다. 그 부처님께서는 팔십억 보살들과 칠십이 겐지즈 강의 모래 수만큼 많은 성문들을 거느리고 있었다.
부처님의 수명은 사만이천 겁이며, 보살들의 수명도 그와 같았다.

그 국토에는 여인이 없었으며, 지옥, 아귀, 축생, 아수라들도 없었고, 어려움도 없었다.

그 나라의 국토는 반듯하고 평탄하였으며 투명한 유리로 되었고, 거리에는 금 은 보화 휘장으로 장식된 보배 나무로 장엄되어 있었다. 금 은 보화로 만든 병과 향로가 나라 안에 가득하였고, 칠보로 된 사자좌가 모든 보배 나무 밑에 놓여 있으며 사자좌에 보살과 성문들이 앉아 있었다. 보배 나무 위 하늘에는 하늘 사람들이 하늘 풍악을 울리고 노래하며 부처님을 찬탄하고 공양하였다."

이 때 부처님께서는 일체중생희견보살과 다른 여러 보살과 성문 대중들을 위하여 묘법연화경을 설하였다. 고행하기를 좋아 한 일체중생희견보살은 일만이천 년 동안 목숨을 걸고 수행정진한 끝에 빛깔과 형상이 있는 몸으로 법신을 성취하여 색신 삼매를 얻었다. 색신 삼매를 성취하고는 매우 기뻐서 다음과 같이 말했다.

"내가 색신 삼매를 성취한 것은 묘법연화경을 들은 공덕이니, 부처님과 이 경전에 공양을 올릴 것이다"
그리고 곧 삼매에 들어 만다라 꽃비를 내리고 전단향 비를 내리니, 꽃비와 전단향의 향기가 사바세계에 가득하였다.

【23-2】 이렇게 공양하고는 자리에서 일어나 '내가 비록 신통으로 부처님께 공양하였으나 진실한 이 몸을 공양으로 올리는 것만 못하다.'라고 생각하였다. 다시 천이백 년 동안 선정에 들었다가 깨어나 스스로 몸을 불살라 부처님께 소신 공양을 올리니 삼매에 들었던 천이백년 동안 탔으며 팔십억 갠지즈 강의 모래 만큼 많은 세계가 광명으로 밝게 빛났다. 그 세계에 계신 부처님들께서 입을 모아 찬탄하였다.
'착하고 착하다. 진정한 구도자여, 그대의 소신 공양은 진정한 정진이며, 참으로 법답게 부처님께 공양하

는 것이다. 육신만 불 사르는 소신 공양은 오히려 잘 못하면 죄를 짓게 되나, 깊은 선정에 들어 올리는 소신 공양은 진정한 보시이며, 지계이며, 인욕이며, 정진이며, 선정이며, 지혜인 것이다.' 일체중생희견보살이 이렇게 법 공양을 하여 목숨이 다 한 뒤에 다시 일월정명덕 부처님 국토에 태어났다."
정덕왕의 가문에 결가부좌하고 환생하여 아버지 정덕왕에게 게송으로 말하였다.

① 대왕이시여, 이제 마땅히 아소서.
② 내가 저 곳을 거닐면서 온갖 색신을 나타내는 삼매를 얻었습니다.
③ 부지런히 정진하여 이 몸을 불살라 부처님께 공양한 것은
④ 위 없는 깨달음을 구함입니다.

정덕왕은 부처님께 공양하고 모든 중생의 말을 알아들을 수 있는 다라니를 얻게 된 후에 이 묘법연화경을 얻어 듣게 되었으며, 부처님께 나아가 예배하고 찬탄하였습니다.

① 부처님의 지혜광명 시방세계에 두루합니다.
② 전생에 공양 올린 공덕으로
③ 이생에서 또 다시 친견하게 되어
④ 기쁘기 그지 없습니다.

[23-3] 이 때 일체중생희견보살은 게송을 읊은 다음 일월정명덕 부처님께 말씀드렸다.
"부처님이시여,
부처님께서는 저희 중생을 위하여 언제까지 세상에 머물러 계십니까?"
"보살이여,

여래는 이제 열반에 들 때가 되었다. 오늘 밤에 열반에 들 것이니 그대는 평상을 준비해 놓아라. 불법을 그대에게 부촉할테니 내가 열반에 든 뒤 불법을 널리 전파하며 공양을 많이 베풀고 수천 개의 탑을 쌓도록 하여라."

일월정명덕 부처님은 이렇게 분부하시고 늦은 밤에 열반에 드시었다. 일체중생희견보살은 해안 가에 있는 전단나무로 작은 산을 만들어 부처님 몸에 공양하여 불사르고 불이 꺼진 뒤에 팔만사천 개의 항아리에 사리를 담아 하늘에 닿을 만큼 높은 팔만사천 개의 탑을 쌓았다. 이 때 일체중생희견보살은 다시 생각하기를 '내가 지금 이렇게 공양을 하고 있지만 마음이 흡족하지 못하니 다시 사리에 공양할 것이다.' 하며 모든 보살과 하늘 용 야차등 대중들에게 말했다.

"그대들은 일심으로 생각하라. 내 이제 일월정명덕 부처님의 사리에 공양할 것이다."

이렇게 말하고는 백 가지 복으로 장엄한 팔을 칠만 이천 년 동안 태워서 공양하여 성문을 구하는 수 많은 대중과 위 없는 바른 깨달음을 성취하겠다고 마음을 낸 한량 없는 많은 대중을 온갖 색신을 나타내는 일체 색신 삼매에 머물게 하였다.

【23-4】 수 많은 보살 대중이 팔이 없어진 것을 보고 슬퍼하자 일체중생희견보살은 이렇게 서원을 말했다.
"내가 이제 도를 얻기 위하여 진실한 마음으로 팔을 공양하였으니 나의 생각과 뜻이 진실하다면 전과 같이 팔이 다시 생길 것이며, 이 몸은 부처님의 몸과 같이 금빛으로 빛날 것이다."
서원이 끝나자마자 두 팔은 원래대로 생겨났으며 몸은 금빛으로 빛났다. 진실로 지극한 마음일 때는 원하는 것이 그대로 이루어진다는 것을 보여 주었다.
이 때 삼천대천 세계는 여섯 가지로 진동하였으며 하

늘에서는 금 은 보화가 비 오듯 쏟아졌다.
부처님께서 수왕화보살에게 말씀하셨다.
"수왕화보살이여, 어떻게 생각하느냐?"
일체중생희견보살은 다른 사람이 아닌 지금의 약왕보살이다.
그는 몸을 불살라 보시한 것이 한량이 없다.
부처를 이루고자 지극한 마음으로 서원을 하고 손가락 하나라도 태워서 불탑에 공양하는 공덕은 삼천대천세계에 있는 모든 보물을 공양한다 하더라도 이 공덕과는 비교할 수가 없다. 왜냐하면 진정한 보시는 진리를 위하여 자신의 몸과 마음은 불태우는 것이기 때문이다. 또한 삼천대천 세계에 있는 모든 보물을 공양한다 하더라도 이 묘법연화경 한 게송을 받아 지니고 읽고 외운 공덕보다 못한 것이다.
수왕화보살이여,
모든 시내와 강과 바다 중에 바다가 제일 크고 깊듯이

부처님의 모든 경전 중에 이 묘법연화경이 가장 크고 깊으며, 모든 산 중에 수미산이 제일 높듯이 부처님의 모든 경전 중에 묘법연화경이 으뜸이다.

모든 별 중에 달이 가장 밝게 빛나듯이 모든 경전 중에 묘법연화경이 가장 밝게 빛나며, 해가 모든 어둠을 없애고 세상을 밝게 하듯이 묘법연화경은 탐 진 치를 깨뜨리고 지혜 광명을 자라나게 한다.

수왕화보살이여,

모든 왕 중에 전륜성왕이 제일이듯이 묘법연화경이 모든 경전 중에 으뜸이며, 제석천왕이 삼십삼천 중에 가장 높듯이 이 묘법연화경이 모든 경전 중에 가장 높으며, 대범천왕이 모든 중생의 아버지이듯이 이 묘법연화경도 그와 같아서 부처가 되려고 마음을 낸 모든 보살의 아버지이다.

모든 범부 중에 수다원 사다함 아나함 아라한 벽지불이 제일이듯이 이 경전도 그와 같아서 여래와 보살,

성문이 말한 여러 경전 중에서 제일이며, 이 경전을 받아 지니는 사람도 중생 중에 가장 뛰어난 사람이다. 부처님이 모든 법의 왕이 듯이 이 경전도 그와 같아서 모든 경 중에 으뜸이다.

[23-5] 수왕화보살이여,
이 경전은 일체 중생으로 하여금 괴로움을 여의게 하며, 이익을 얻게 하여 중생의 소원을 들어주어 일체 중생을 구원한다.
마치 깨끗한 물이 목마른 사람을 만족하게 함과 같으며, 추운 사람이 불을 얻음과 같으며, 헐벗은 사람이 옷을 얻음과 같으며, 강을 건너려는 사람이 배를 만남과 같으며, 병이 난 사람이 의사를 만남과 같으며, 어둠 속에서 등불을 얻음과 같으며, 가난한 사람이 보물을 얻음과 같으며, 백성이 임금을 만남과 같으며, 무역상이 바다를 만남과 같으며, 횃불이 어둠을 없애는 것과 같이 이 묘법연화경도 그와 같아서 중생으로 하여금 모든 고통과 병을 여의게 하며, 삶과 죽음의 속박에서 벗어나게 한다. 어떤 사람이 이 묘법연화경을 듣고 쓰거나 남에게 쓰게 한다면 그 공덕은 헤아릴 수 없을 만큼 크다. 또한 이 경전을 쓰고 꽃과 향으로 공양하고, 기름으로 등을 밝혀 공양하면 그 공덕이 한량이 없다.

수왕화보살이여,

어떤 사람이 있어 이 약왕보살본사품을 들으면 한량없는 공덕을 얻을 것이며, 여인의 몸으로 이 품을 듣고 받아 지닌다면 다시는 여자의 몸을 받지 않을 것이다. 만일 여래가 열반한 뒤, 후 오백 세 가운데 어떤 여인이 이 경전을 듣고 들은 대로 수행하다가 명이 다하면 극락세계의 아미타 부처님 전에 태어날 것이다.

[23-6] 다시는 탐욕의 괴로움을 받지 않으며, 성냄과

어리석음의 괴로움을 받지 않으며, 교만과 질투와 온갖 번뇌의 괴로움도 받지 않으며, 보살의 신통과 무생법인을 얻을 것이다. 이 법인을 얻으면 눈이 청정해지고 청정한 눈으로 칠백만이천억 나유타 겐지즈 강의 모래만큼 많은 부처님을 뵙게 될 것이다.

수왕화보살이여,

어떤 사람이 이 약왕보살본사품을 듣고 기뻐하고 찬탄한다면 이 사람의 입에서는 청련화 향기가 나고 몸에서는 우두전단 향기가 나며, 얻는 공덕은 한량이 없다. 그러므로 수왕화보살이여, 이 약왕보살본사품을 그대에게 부촉할 것이니 내가 열반에 든 뒤 오백 년 동안 남섬부주에 널리 전파하여 이 경전이 끊어지지 않게 하여라.

수왕화보살이여,

그대는 마땅히 신통의 힘으로 이 경전을 수호할 것이며, 남섬부주 사람들의 병에 이 경전은 좋은 약이 된다. 만일 병이 있는 사람이 이 경전을 들으면 번뇌가 소멸하여 마음이 평안하여지고 늙지도 않고 죽지도 않을 것이다.

수왕화보살이여,

그대가 만일 이 경전을 읽고 지니는 사람을 보거든 청련화 향기를 뿌려 찬탄할 것이다. 이 경전을 읽고 지니는 사람은 머지않아 깊은 선정에 들어 생 노 병 사의 고해를 건너 해탈할 것이므로 그 사람을 보거든 공경하는 마음을 낼 것이다. 이 때 여러 부처님이 멀리서 칭찬하였다.

"착하고 착하다. 수왕화보살이여,

그대가 석가모니 부처님 법 중에서 이 경전을 받아 지니고 읽고 외우고 다른 사람을 위하여 연설하면 얻는 복덕이 한량이 없어서 불로도 능히 태우지 못하고 물로도 능히 빠뜨리지 못할 것이며, 그대의 공덕은 일천 부처님께서도 다 말할 수 없을 만큼 크다.

그대는 이제 탐 진 치의 마군을 깨뜨렸으며, 생사를 해탈하여 모든 원적을 멸하였다.

여러 부처님이 신통으로 그대를 수호할 것이며, 일체 세간 하늘 사람 중에 그대 같은 성취를 이룬 자는 없을 것이다. 모든 성문과 벽지불과 보살 중에도 그대와 같이 선정에 드는 이는 없을 것이며, 지혜로운 이도 없을 것이다."

다보여래가 보탑 안에서 수왕화보살을 찬탄하였다.

"착하고 착하다. 수왕화보살이여,

그대는 이제 불가사의한 공덕을 성취하였으며, 한량없는 모든 중생을 이익되게 할 것이다."

부처님께서 이 약왕보살본사품을 말씀하실 때 팔만사천 보살들은 모든 중생의 말을 알아들을 수 있는 다라니를 얻었다.

제 24 묘음보살품

제 24 묘음보살품

【24-1】 그 때 석가모니 부처님께서 대인 상인 육계에 광명을 놓으시고, 미간 백호상에서도 광명을 놓으시어 동방 백팔만억 나유타 겐지즈 강의 모래만큼 많은 부처님 세계를 비추었다. 이러한 세계를 지나면 정광장엄이라는 세계가 있는데, 이 세계에는 정화수왕지여래라는 부처님이 계셨다. 정화수왕지 부처님께서 수 많은 보살 대중에게 둘러 싸여 공경을 받으면서 법을 설하고 계시는데, 석가모니 부처님의 백호상의 광명이 그 국토를 비추었다. 이 세계에 묘음이라는 보살이 있어, 한량 없는 백천만억 부처님께 공양하고 깊은 지혜를 모두 성취하여 백천만억 겐지즈 강의 모래만큼 많은 모든 삼매를 얻었다.

그가 성취한 삼매를 보면 묘당상삼매, 법화삼매, 정덕삼매, 수왕희삼매, 무연삼매, 지인삼매, 모든 중생의 말이나 언어를 이해하는 삼매, 모든 공덕을 모으는 삼매, 청정삼매, 신통유희삼매, 혜거삼매, 장엄왕삼매, 정광명삼매, 정장삼매, 불공삼매, 일선삼매등이다.
석가모니 부처님의 광명이 그 몸을 비추니 정화수왕지부처님께 여쭈었다.
"부처님이시여,
제가 사바세계에 가서 석가모니 부처님께 예배 드리고 공양하며, 문수보살, 약왕보살 등을 만나려고 합니다."
이 때 정화수왕지 부처님이 묘음보살에게 말했다.
"그대는 사바세계를 업신 여기며 천하다고 생각하지 말라. 비록 사바세계가 높고 낮고 평탄하지 못하며, 땅에는 더러운 것이 가득하며, 사람들의 몸집도 작다. 그대의 몸은 사만이천 유순이나 되며 매우 단정하여 백천만 복덕이 구족되었으므로 사바세계 부처님과 보살들을 보더라도 업신 여기지 않도록 하라."
"부처님이시여, 제가 사바세계에 가는 것은 모두 여

래의 힘이며, 여래의 신통이며, 여래의 공덕과 지혜에
힘 입은 것입니다."
그리고는 그 자리에서 그대로 삼매에 들었다. 삼매의
힘으로 부처님이 계시는 기사굴산의 사자좌에서 멀
리 떨어지지 않는 곳에 팔만사천 보배 연꽃을 만들었
다. 가장 질 좋은 금으로 줄기를 만들고, 하얀 은으로
잎을 만들고, 금강으로 꽃술을 만들고, 견숙가 보배로
꽃받침을 만들었다.
이 때 문수보살이 이 연꽃을 보고 부처님께 여쭈었다.
"부처님이시여, 무슨 인연으로 이러한 상서로움이 나
타나는 것입니까?"

【24-2】"이러한 상서로움은 정화수왕지 부처님이 계
시는 정광장엄세계의 묘음보살이 팔만사천 보살들에
둘러싸여 이 사바세계에 와서 나에게 공양하고 묘법
연화경을 들으려고 하는 지극한 정성으로 이러한 상

서로움이 생기는 것이다."

"부처님이시여,

묘음보살은 어떤 선근을 심었으며 무슨 공덕을 닦아서 이렇게 큰 신통력이 있습니까? 무슨 삼매를 행하는 것입니까? 삼매의 이름을 말씀하여 주시면 저희들도 부지런히 닦아 그 삼매를 성취하겠습니다.

부처님이시여, 신통으로 묘음보살을 이 사바세계에 오게 하여 저희들을 만나게 해 주시기 바랍니다."

석가모니 부처님께서 다보여래를 쳐다보자, 보탑 안에서 문수보살의 말을 잠자코 듣고 계시던 다보여래께서 말씀하셨다.

"묘음보살이여,

이리 오너라. 문수보살이 그대의 몸을 보고 싶어하는구나."

그러자 묘음보살은 신통으로 팔만사천 보살들과 함께 석가모니 부처님이 계시는 기사굴산에 이르러 머리를 조아려 발에 예배하고 합장하며 부처님께 여쭈었다.
"부처님이시여,
병이 없으시며 고뇌도 없으시며 기사굴산이 수행처로써 적절하며 제자들과도 잘 지내십니까? 사대가 잘 조화 되어 있습니까? 탐욕이 많고 성 내고 어리석고 질투하고 간탐하는 교만한 중생을 어떻게 제도하십니까?
부모에게 불효하고 수행자를 공경하지 않고 삿된 소견을 가진 악한 중생은 어떻게 제도하십니까?
애욕에 빠져 있는 중생은 어떻게 제도하십니까?
마군과 원수들은 어떻게 항복받습니까?
다보여래께서는 칠보탑 안에 계시는 동안에도 이 경을 설하는 것을 들으셨습니까?
부처님이시여, 다보여래를 친견하고 싶습니다. 저희들의 소원이 이루어지기를 바랍니다."
석가모니 부처님께서 다보여래께 말씀드렸다.

"이 묘음보살이 부처님을 뵙고자 합니다."
이 때 다보여래께서는 묘음보살의 마음을 아시고 다음과 같이 말씀하셨다.
"착하고 착하다. 묘음보살이여, 그대가 석가모니 부처님께 공양하고 묘법연화경을 들으려고, 그리고 문수보살을 보기 위하여 여기 왔구나."

【24-3】 그 때 화덕보살이 옆에 있다가 자리에서 일어나 합장하며 부처님께 여쭈었다.
"부처님이시여, 묘음보살은 어떤 선근을 심었으며 어떤 공덕을 닦았기에 이러한 신통이 있는 것입니까?"
"과거 세상에 운뢰음왕 부처님이 계셨는데, 국토의 이름은 현일체세간이고, 겁의 이름은 희견이었다. 그 국토에 묘음보살이 있었는데 이 보살은 일만이천년 동안 지극정성으로 운뢰음왕부처님께 공양한 인연과 과보로 지금의 정화수왕지부처님 국토에 났으며 이와 같은 신통력을 갖게 되었다.

화덕보살이여,

일만이천 년 동안 지극 정성으로 공양한 그 묘음보살이 지금 사바세계에 온 묘음보살의 전생이다.

화덕보살이여,

지금 그대는 묘음보살이 여기에 있는 줄 알고 있지만 이 순간에도 수만 개의 몸을 나타내어 여러 곳에서 중생을 위하여 이 묘법연화경을 연설하고 있다. 범천왕이 되기도 하고, 제석천왕이 되기도 하고, 자재천왕이 되기도 하고, 전륜성왕이 되기도 하고, 장자의 몸을 나타내기도 하고, 거사의 몸을 나타내기도 하고, 재상의 몸을 나타내기도 하고, 바라문의 몸을 나타내기도 하고, 수행자나 여자 수행자의 몸을 나타내기도 하고, 하늘, 용, 야차, 건달바, 아수라, 가루라, 긴나라, 마후라가가 되기도 하고, 사람이나 사람 아닌 몸이 되기도 하여 지옥, 아귀, 축생등 육도를 윤회하면서 이 경전을 연설하고 있다.

【24-4】 화덕보살이여,
묘음보살은 사바세계의 모든 중생을 보살피고 있다. 성문의 몸으로 제도할 이에게는 성문의 몸을 나타내어 법을 설하고, 벽지불의 몸으로 제도할 이에게는 벽지불의 몸을 나타내어 법을 설하고, 보살의 몸으로 제도할 이에게는 보살의 몸을 나타내어 법을 설하고, 부처의 몸으로 제도할 이에게는 부처의 몸을 나타내어 법을 설하고, 열반을 보여 제도할 이에게는 열반을 보여주어 진리에 들게 한다.
화덕보살이여,
묘음보살의 신통력은 이와 같이 끝이 없다."
"부처님이시여,
묘음보살은 어떤 삼매를 성취하였기에 여러 곳에서 여러 몸을 나타내어 중생들을 제도합니까?"

"화덕보살이여,
묘음보살은 온갖 색신을 나타내는 삼매를 성취하였으며, 이 삼매의 공덕으로 모든 중생을 이익 되게 하는 것이다."
부처님께서 묘음보살품을 말씀하실 때 묘음보살과 함께 왔던 팔만사천 보살과 사바세계의 수 많은 보살이 온갖 색신을 나타내는 삼매를 얻었다.
묘음보살이 정화수왕지 부처님에게 돌아갈 때 지나가는 국토마다 진동하였고 연꽃비를 내려 찬탄하였다. 자기 국토로 돌아가서 정화수왕지 부처님께 말씀드렸다.
"부처님이시여,
제가 사바세계에 가서 중생을 이익 되게 하였으며, 석가모니 부처님과 다보여래께 예배하고 공양하였으며, 문수보살과 약왕보살과 용시보살 등을 보았으며, 팔만 사천 보살을 일체색신 삼매를 얻게 하였습니다."
이 묘음보살품을 설할 때 사만이천 하늘 사람들이 무

생법인을 얻었으며, 화덕보살은 법화삼매를 얻었다. 부처님께서 이 뜻을 거듭 펴시려고 게송으로 말씀하셨다.

① 묘음보살은 일만이천 년 동안
② 운뢰음왕여래께 공양한 인연으로 모든 신통 얻었네.
③ 지금 이 순간에도 수만 개의 몸을 나타내어
④ 묘법연화경을 설하며 중생을 교화하네.

① 묘음보살 사바세계의 중생을 살펴보고는
② 성문으로 제도할 이에게는 성문의 몸을 나타내어 법을 설하고
③ 어떤 때는 벽지로서 보살로서 부처로서 법을 설하고
④ 열반을 보여 제도할 이에게는 열반을 보여 진리에 들게 하네.

제 25 관세음보살보문품

제 25 관세음보살보문품

【25-1】그 때 무진의보살이 자리에서 일어나 오른쪽 어깨를 드러내고 합장하면서 부처님께 여쭈었다.
"부처님이시여, 관세음보살은 어떤 인연으로 관세음이라 합니까?"
"무진의보살이여,
어떤 사람이 괴로움을 받고 있을 때 관세음보살의 이름을 일념으로 부르면 관세음보살이 지극한 정성에 감응하여 관세음보살 부르는 소리를 듣고 위신력을 발휘하여 그 괴로움으로부터 벗어나게 해 준다. 관세음보살의 이름을 일념으로 부르면 설사 불 속에 들어가더라도 불이 그를 태우지 못한다.
갑자기 큰 비가 내려 떠 내려 가더라도 관세음보살의 이름을 일념으로 부르면 얕은 곳에 이르게 되며, 금은, 보화, 유리, 산호, 마노 등의 보배를 얻으려고 바다에 나아갔다가 폭풍우를 만났다 하더라도 관세음보살의 이름을 일념으로 부르면 무사히 목숨을 보전하여 육지로 돌아오게 된다. 이와 같이 위급함을 당했을 때 일념으로 부르면 위급함으로부터 구해 주는 인연으로 관세음이라 이름하는 것이다.

어떤 사람이 강도를 만나 해를 입게 되었을 때에도 관세음보살의 이름을 일념으로 부르면 강도가 가진 흉기들이 조각조각 부서지고 그 위험으로부터 벗어나게 된다.

악마와 귀신에게 시달림을 당하더라도 관세음보살의 이름을 일념으로 부르면 악마와 귀신이 물러가고 시달림에서 벗어나게 된다. 어떤 사람이 죄를 짓고 쇠고랑을 차게 되었을 때도 관세음보살의 이름을 일념으로 부르면 쇠고랑이 부서지고 끊어져서 속박으로부터 벗어나게 된다.

귀중한 보물을 가지고 산길을 가다가 도적을 만났을

때에도 관세음보살의 이름을 일념으로 부르면 무서움과 두려움에서 벗어나 도적의 난을 면하게 된다.

【25-2】 음욕이 많은 어떤 사람이 관세음보살의 이름을 일념으로 부르면 음욕을 여의게 된다. 성을 잘 내는 사람이 관세음보살의 이름을 일념으로 부르면 성내는 마음을 여의게 된다.
어리석은 사람이 관세음보살의 이름을 일념으로 부르면 어리석음을 여의게 된다.
임신한 여인이 관세음보살의 이름을 일념으로 부르면 복덕이 많고 지혜로운 아이를 낳게 된다. 딸을 낳기를 원하면 단정하고 잘 생긴 딸을 낳게 되며 그 아이는 전생에 많은 복덕을 심었으므로 모든 사람의 사랑과 공경을 받을 것이다.
누구든지 관세음보살의 이름을 일념으로 부르면 그 복덕이 헛되지 않을 것이니 관세음보살의 이름을 일념으로 부르도록 하라.

무진의보살이여,

관세음보살의 공덕과 신통은 이와 같이 한량 없으므로 누구든지 관세음보살의 이름을 일념으로 부르고 공경한다면 한량 없는 복덕과 이익을 얻을 것이다."

무진의보살이여,

어떤 사람이 육십이억 겐지즈 강의 모래만큼 많은 보살의 이름을 찬탄하면서 일생 동안 음식과 의복과 침구를 공양한다면 그 공덕은 많겠느냐? 어떻겠느냐?"

"부처님이시여, 매우 많겠습니다."

"그렇다. 무진의여, 그 공덕은 백천만억 겁이 지나도록 다 하지 않는다. 이와 같이 어떤 사람이 관세음보살의 이름을 부르는 공덕도 한량이 없다."

"부처님이시여, 관세음보살은 어떻게 사바세계에 나타나며, 중생들을 위하여 어떻게 법을 설하며, 방편의 힘은 어떠합니까?"

"부처의 몸으로 제도할 이에게는 부처의 몸을 나타내어 법을 설하고, 벽지불의 몸으로 제도할 이에게는 벽지불의 몸을 나타내어 법을 설하고, 성문의 몸으로 제도할 이에게는 성문의 몸을 나타내어 법을 설하고, 범천왕의 몸으로 제도할 이에게는 범천왕의 몸을 나타내어 법을 설하고, 제석천왕의 몸을 제도할 이에게는 제석천왕의 몸으로 나타내어 법을 설하고, 자재천의 몸으로 제도할 이에게는 자재천의 몸을 나타내어 법을 설하고, 하늘 대장군의 몸으로 제도할 이에게는 하늘 대장군의 몸을 나타내어 법을 설하고, 외도의 몸으로 제도할 이에게는 외도의 몸을 나타내어 법을 설한다.

또 임금이나 재상의 몸으로 제도할 이에게는 임금이나 재상의 몸을 나타내어 법을 설하고, 장자나 거사의 몸으로 제도할 이에게는 장자나 거사의 몸을 나타내어 법을 설하고, 바라문의 몸으로 제도할 이에게는 바라문의 몸을 나타내어 법을 설하고, 수행자의 몸으로 제도할 이에게는 수행자의 몸을 나타내어 법을 설하고, 여자의 몸으로 제도할 이에게는 여자의 몸을 나타내어 법을 설하고, 하늘, 용, 야차, 건달바 등의 몸으로 제도할 이에게는 하늘, 용, 야차, 건달바 등의 몸을 나타내어 법을 설하고, 사람이나 사람 아닌 몸으로 제도할 이에게는 사람이나 사람 아닌 몸을 나타내어 법을 설하고, 집금강신의 몸을 제도할 이에게는 집금강신의 몸으로 나타내어 법을 설한다.

무진의보살이여,

관세음보살은 묘법연화경을 지니고 읽고 연설한 공덕으로 이와 같은 공덕을 성취하여 온갖 몸으로 여러 국토를 다니면서 중생을 제도하여 해탈하게 한다. 그러므로 그대들은 일념으로 관세음보살의 이름을 부르고 공경하도록 하라. 관세음보살은 무섭고 위급한 환난을 만나면 두려움을 없애 주므로 사바세계에서는 그를 두려움을 없애주는 보살이라고 부른다."

【25-3】무진의보살이 자신의 몸에 걸치고 있던 영락을 벗어 관세음보살에게 공양을 하자 관세음보살이 사양했다. 이 광경을 부처님께서 보시고 관세음보살에게 말씀하셨다.
"관세음보살이여, 여기 모인 모든 대중을 어여삐 여겨 무진의보살의 영락을 받으라."
관세음보살은 영락을 받아서 두 몫으로 나누어 하나는 다보여래께 바치고 또 한 몫은 석가모니 부처님께 바쳤다.

① 무진의보살이 부처님께 여쭙기를
② 부처님께서 미묘한 형상을 갖추고 계십니다.
③ 제가 지금 저 일을 거듭 묻고자 합니다.
④ 불자는 어떠한 인연으로 관세음이라 부르는 것입

니까?

① 부처님께서 말씀하시기를 관세음의 큰 서원은 바다같이 깊어
② 수 억겁 동안 여러 부처님을 모시며 청정한 큰 서원을 세웠느니라.
③ 관세음의 이름만 들어도 몸만 보아도 일념으로 불러도
④ 세상의 모든 괴로움 소멸하리라.

① 불구덩이로 떨어져도 불구덩이는 못으로 변하게 되리라.
② 큰 바다에 빠져 떠내려갈 때도 용이나 귀신을 만났을 때도
③ 지극한 마음으로 관세음보살을 부르면
④ 사나운 물결은 잠잠해지고 귀신은

보살이 되어 옹호하리라.

① 흉악한 사람에게 쫓길 때도 도적들이 칼을 들고 해치려해도
② 잘못 재판하여 사형을 당할 때도 손발에 쇠고랑을 찼을 때도
③ 지극한 마음으로 관세음보살을 부르면
④ 모든 재앙 소멸하며 자비한 마음 생겨나리라.

① 저주와 독으로 상하게 할 때도 나찰이나 귀신을 만났을 때도
② 천재지변이 일어나더라도 한량 없는 괴로움 닥치더라도
③ 지극한 마음으로 관세음보살을 부르면
④ 모든 재앙 소멸하리라.

【25-4】① 신통과 지혜 갖추고
② 진리를 관하고 깨끗함을 관하고
③ 지혜를 관하고 자비를 관하고
④ 지극한 마음으로 관세음보살을 부르면 모든 신통 나타나리라.

① 나고 늙고 병들고 죽는 고통 모두 없애고
② 풍재와 화재를 굴복시키고 감로의 법비가 내릴 것입니다.
③ 지극한 마음으로 관세음보살을 부르면
④ 모든 재앙 소멸하리라.

① 미묘한 소리, 세상을 관하는 소리,
② 청정한 소리, 진리의 소리,
③ 세간의 소리보다 뛰어나서
④ 일심으로 염하여 의심하지 말라.

① 관세음보살의 성스러움은
② 괴로움과 번뇌와 죽음의 바다에서도
③ 지극한 마음으로 관세음보살을 부르면
④ 모든 어려움 저절로 없어지리라.

제 26 다라니품

제 26 다라니품

【26-1】 그 때 약왕보살이 자리에서 일어나 오른쪽 어깨를 드러내고 합장하고 부처님께 여쭈었다.
"부처님이시여, 만약 어떤 사람이 이 묘법연화경을 받아 지니고 읽고 외우고 통달하거나 이 경전을 모두 쓴다면 어떠한 복을 받겠습니까?"
"이 경전을 받아 지녀 읽고 외우고 쓴다면 그 복덕은 한량 없이 많아서 말로 다 할 수가 없다."
"부처님이시여, 제가 이제부터 묘법연화경을 지녀 읽고 외우는 사람은 이 다라니로써 지키고 보호하겠습니다."

안니 만니 마네 마마네 지례 차리제 샤먀 샤리다위 선데 목데 목다리 사리 아위사리 상리 사리 사예 아사예 아기니 선데 샤리 다라니 아로가바사파자비사니 네비

데 아변다라네리데 아단다파례수디 우구례 무구례 아라례 파라례 수가차 아삼마삼리 부다비기리질데 달마파리차데 싱가녈구사네 바사바사수디 만다라 만다라사야다 우루다 우루다교사랴 악사라 악사야다야 아바로 아마야나다야

부처님이시여,
이 다라니는 육십이억 겐지즈 강의 모래만큼 많은 부처님께서 말씀하신 주문입니다. 만일 이 경전을 연설하는 법사를 침노하고 다치게 하는 것은 부처님을 침노하고 다치게 하는 것과 같습니다."
"착하고 착하다. 약왕보살이여,
그대가 법사를 어여삐 여겨 지키고 보호하기 위하여 이 다라니를 말하니 더 할 수 없는 큰 이익을 얻을 것이다."
이때 용시보살이 부처님께 말씀드렸다.

"부처님이시여, 저도 이 경전을 받아 지니고 읽고 외우는 사람을 지키고 보호하기 위하여 다라니를 말하겠습니다. 이 다라니를 외우면 악마와 귀신들이 달려들지 못할 것입니다.

자례 마하자례 욱기 목기 아례 아라바제 녈례제 녈례다바제 이디니 위디니 지디니 녈례지니 녈리지바디

부처님이시여,
이 다라니는 겐지즈 강의 모래만큼 많은 부처님께서 말씀하신 주문입니다. 만일 이 경전을 연설하는 법사를 침노하고 다치게 하는 것은 부처님을 침노하고 다치게 하는 것과 같습니다."

[26-2]이때 세상을 보호하는 비사문천왕이 부처님께 말씀드렸다.

"부처님이시여, 저도 중생들을 어여삐 여기며 이 경전을 연설하는 법사를 지키며 보호하기 위하여 다라니를 말하겠습니다. 이 다라니를 외우면 백 유순 동안 어떤 근심 걱정도 없게 하겠습니다."

아리 나리 노나리 아나로 나리 구나리

이 때 지국천왕이 수 많은 건달바에게 둘러싸여 부처님 앞에 나아가 합장하며 말씀드렸다.
"부처님이시여, 저도 다라니 신주로 이 경전을 지니는 사람을 지키고 보호하겠습니다.

아가네 가네 구리 건다리 전다리 마등기 상구리 부루사니 알디

부처님이시여,

이 다라니는 사십이억 부처님께서 말씀하신 주문입니다. 만일 이 경전을 연설하는 법사를 침노하고 다치게 하는 것은 부처님을 침노하고 다치게 하는 것과 같습니다."

이 때 여자 나찰 귀자모와 그녀의 아들과 권속들이 함께 부처님 앞으로 나아가 합장하며 예배하고 말씀드렸다.

"부처님이시여, 저희들도 이 경전을 받아 지니는 사람들과 이 경전을 연설하는 법사를 지키고 보호하기 위하여 다라니를 말하겠습니다.

이제리 이제민 이제리 아제리 이제리 니리 니리 니리 니리 니리 류혜 류혜 류혜 류혜 다혜 다혜 다혜 도혜 로혜

이 주문을 외우면 차라리 나를 괴롭힐지언정 법사를

괴롭히지 못하게 할 것이며, 귀신이나 악귀들이 꿈 속에서도 나타나지 못하게 하겠습니다.

나의 주문에 순종하지 않고 법사가 법을 설할 때 방해하면 머리가 일곱 조각으로 깨어질 것입니다. 법을 설하는 것을 방해하는 것은 부모를 죽인 죄와 같으며, 저울과 되를 속인 죄와 같으며, 조달과 같이 화합 승단을 깨뜨린 죄와 같아서 이 법사를 침해한 자는 그와 같은 재앙을 받을 것입니다."

부처님께서 여자 나찰들에게 말씀하셨다.

"착하고 착하다. 나찰들이여, 이 경전을 지니는 사람을 지키고 보호하여도 이익이 한량이 없는데, 이 경전을 통달하여 연설하는 법사를 지키고 보호한다면 더 큰 이익을 얻을 것이다."

이 다라니를 말할 때 육만팔천 사람이 무생법인을 얻었다.

부처님께서 이 뜻을 거듭 펴시려고 게송으로 말씀하

셨다.

① 약왕보살, 용시보살, 비사문천왕, 지국천왕, 여자 나찰들
② 법화경을 설하는 법사를 수호하기 위하여 다라니를 말하네.
③ 그리고 또 다라니를 말하여 이 경전을 받아 지니고 읽고 외우고 쓰는 사람을
④ 지키고 보호하기 위하여 목숨을 바치네.

제 27 묘장엄왕본사품

제 27 묘장엄왕본사품

【27-1】그 때 부처님께서 대중들에게 말씀하셨다.
"지나간 옛날에 한량 없는 불가사의 아승지 겁 전에 운뢰음수왕화지 부처님이 계셨으며, 국토의 이름은 광명장엄이고, 겁의 이름은 희견이었다.
그 당시 묘장엄이라는 임금이 나라를 다스리고 있었는데, 부인의 이름은 정덕이었으며, 아들은 신통력과 지혜가 있었으며, 전생으로부터 보살행을 닦아 보시, 지계, 인욕, 정진, 선정, 지혜의 육바라밀이 구족하였다. 모든 중생에게 기쁨을 주려는 자무량심이 충만하였고, 모든 중생의 고통과 슬픔을 자신의 것으로 생각하고 해결해 줄려는 비무량심이 충만하였고, 중생의 기쁨을 함께 기뻐해 주는 희무량심이 충만하였고, 탐진치가 없으며, 교만과 편견도 없어 모든 것을 진리로 회향하는 사무량심이 충만하였고, 서른일곱 가지의 도를 돕는 법에 통달하였다. 또한 부지런히 수행 정진하여 보살의 정삼매와 일성수삼매와 정광삼매와 정색삼매와 정조명삼매와 장장엄삼매와 대위덕장삼매를 얻었다.

그 때 부처님께서 묘장엄왕과 중생을 가엾게 생각하여 불법으로 인도하고자 묘법연화경을 설할려고 하였다. 이 때 정장 정안 두 아들이 어머니에게 나아가서 "어머니, 부처님께서 하늘, 사람, 대중들을 위하여 묘법연화경을 설하려고 하십니다. 저희들이 어머니를 모시고 함께 부처님께 공양하고 예배하겠습니다."라고 말씀 드리자 어머니가 아들에게 말했다.

"너의 아버지가 외도를 믿고 바라문의 법에 빠져 있으니 아버지를 모시고 함께 가도록 하자. 너희들이 신통변화를 보이면 아버지가 보시고 마음이 깨끗해져서 우리들과 함께 부처님을 뵈러 갈 것이다."

이에 두 아들은 아버지를 생각하여 허공으로 일곱 다

라수(49척, 14.85m)를 올라가서 허공에서 걷기도 하고 눕기도 하고 몸에서 물을 뿜기도 하고 불을 뿜기도 하고 몸을 크게 하기도 하고 작게 하기도 하며 연꽃이나 짐승으로 변하면서 신통 변화를 부렸다.

[27-2] 두 아들이 부리는 신통변화를 보고 아버지는 매우 기뻐하면서 마음이 흡족하여 아들에게 "너희들의 스승은 누구냐?" 하고 물었다.
두 아들은 "운뢰음수왕화지 부처님이 저희들의 스승입니다. 지금 부처님께서는 보리수 아래에 있는 법좌에 앉아 계시며 모든 하늘 사람 대중을 위하여 묘법연화경을 설하려고 하십니다. 아버지께서도 저희들과 함께 부처님에게 가셨으면 합니다."
두 아들은 허공에서 내려와 어머니 앞에 합장하며 말했다. "아버지께서 이제 바른 법을 믿게 되었으니 위 없는 바른 깨달음을 성취하겠다는 마음을 낼 것입니다.

저희들이 아버지를 위하여 불사를 지었으니 어머니께서는 저희들이 출가하여 부처님의 제자가 되어 도를 닦도록 허락하여 주십시오."

어머니는 "부처님 법 만나기 어려운데 지금 너희들이 출가의 마음을 내었으니 즐거운 마음으로 허락한다." 하고 말씀하셨다.

이에 두 아들은 부모님께 말씀드렸다.

"아버지 어머니, 거룩하십니다. 이제 부처님께 나아가 공양 올리소서. 부처님 만나기가 우담바라 꽃이 피는 것을 보는 것만큼 어렵고, 거북이가 바다 위로 머리를 내밀 때 망망대해에 떠 있는 나무토막의 구멍 속에 머리가 들어가는 것만큼 어렵습니다. 이제 저희들은 전생의 복이 두터워 금생에 부처님 법을 만났습니다. 그리고 시절 인연이 맞아 부모님께서 출가를 허락하였습니다."

① 정장 정안 두 아들이 묘장엄왕에게 말하기를
② 부처님 만나기가 우담바라 꽃이 피는 것을 보기만큼 어렵고
③ 거북이 망망대해에 떠 있는 나무 토막에 머리 넣기만큼 어렵습니다.
④ 저희들은 전생에 복이 두터워 금생에 부처님 법을 만났습니다.

[27-3] 그 때 이미 정안은 법화삼매를 통달하였고, 정장은 나쁜 갈래를 여의는 삼매를 통달하여 모든 중생으로 하여금 나쁜 갈래를 여의게 하였으며, 왕의 부인은 부처님을 모시는 삼매를 얻어서 부처님의 비밀스러운 법장을 알고 있었다. 두 아들이 방편으로 아버지를 교화하여 진심으로 불법을 믿게 하였다.
이 때 묘장엄왕은 여러 신하와 권속들을 거느리고, 정덕부인은 후궁과 시녀들을 거느리고, 두 아들은 사만

이천 백성들을 거느리고 부처님 계신 곳으로 나아갔다. 부처님을 뵙고 머리를 조아려 발에 예배하고 한쪽에 물러가 앉아 있었다. 이 때 부처님께서는 대중들을 위하여 묘법연화경을 설하시니 왕과 모든 사람이 매우 기뻐하며 큰 이익을 얻었다. 왕과 부인은 진귀한 진주 목걸이를 부처님 머리 위에 흩으며 공양하고 찬탄하였다.

이 때 운뢰음수왕화지 부처님께서 말씀하셨다.

"너희들은 내 앞에 합장하고 서 있는 묘장엄왕이 보이느냐? 그는 지금 출가하여 부지런히 수행정진하며 부처님의 법을 전파하는 것을 도우며 마땅히 성불할 것이다. 이름은 사라수왕 여래이며, 국토의 이름은 대광이며, 겁의 이름은 대고왕이다. 그 국토에는 한량 없는 보살 대중과 성문이 있으며, 땅은 평평하고 반듯하며, 백성들의 공덕도 한량이 없다."

왕은 출가하여 팔만사천 년 동안 묘법연화경을 설하

고 부지런히 수행 정진하여 일체정공덕장엄삼매를 얻고는 허공에 있는 일곱 다라수에 올라가 부처님께 여쭈었다.

"부처님이시여, 저의 두 아들은 불사를 지어 신통 변화로 저의 삿된 마음을 버리게 하여 불법으로 귀의하게 하였습니다. 두 아들은 저의 스승입니다. 저희들은 전생에 어떤 인연이었기에 두 아들이 저를 이익 되게 하려고 저의 집에 태어났습니까?"

[27-4] 그 때 운뢰음수왕화지 부처님께서 묘장엄왕에게 말씀하셨다.

"만일 어떤 사람이 착한 성품으로 행동하고 업을 지으면 뛰어난 스승을 만나게 되고, 그 스승은 불사를 지어 보여 주고 가르쳐 이익되게 하며 기쁘게 하며, 위 없는 바른 깨달음을 성취하게 한다. 묘장엄이여, 바로 알아라. 스승은 무엇과도 비교할 수 없는 큰 인연이다. 이 인연으로 부처님의 법을 만나 결국에는 위 없는 바른 깨달음을 성취하는 것이다.

묘장엄이여, 두 아들은 이미 육천오백천만억 나유타 겐지즈 강의 모래만큼 많은 부처님께 공양하고 찬탄하였으며, 묘법연화경을 받아 지니고 연설하여 삿된 소견을 가진 중생을 바른 견해로 돌아오게 하였다"

묘장엄왕은 부처님의 한량 없는 공덕을 찬탄하며 부처님께 말씀드렸다.

"부처님이시여, 부처님의 법은 바르고 진실한 것입니다. 그 가르침을 따라 수행하면 마음이 편안해지고 상쾌해집니다. 저는 오늘부터 마음대로 행동하지 않겠습니다. 삿된 생각과 교만한 버릇과 성 내는 나쁜 마음을 내지 않겠습니다." 이렇게 맹세하고는 부처님께 예배하고 물러갔다.

부처님께서 대중들에게 말씀하셨다.

"묘장엄왕은 지금의 화덕보살이며, 정덕부인은 이 앞에 있는 광조장엄상보살이며, 두 아들은 약왕보살과 약상보살이다.

이 약왕보살과 약상보살은 한량 없는 백천만억 부처님 처소에서 덕의 뿌리를 심었으며, 불가사의 한 여러 가지 선근을 성취하였다.

만일 두 보살의 이름을 알기만 하여도 하늘과 사람들이 존경하고 찬탄할 것이다."

부처님께서 이 묘장엄왕본사품을 말씀하실 때 팔만사천 사람들이 번뇌의 티끌을 멀리하고 죄악의 때에서 벗어나 깨끗한 법안을 얻었다.

부처님께서 이 뜻을 거듭 펴시려고 게송으로 말씀하셨다.

① 착한 성품으로 행동하고 업을 지으면
② 스승을 만나고 위 없는 바른 깨달음을 성취하게 된다.
③ 두 아들은 수 많은 부처님을 공양하고 찬탄하였으며
④ 이 경전을 연설하여 잘못된 중생을 바른 길로 돌아오게 하네.

제 28 보현보살권발품

제 28 보현보살권발품

【28-1】그 때 자재한 신통력과 위덕과 명성을 지닌 보현보살이 여러 보살과 함께 동방으로부터 오는데 거쳐 오는 국토마다 모두가 진동하였으며, 하늘에서는 보배 연꽃비가 내렸다.

또한 수 많은 하늘, 용, 야차, 건달바, 아수라, 가루라, 긴나라, 마후라가, 사람, 사람 아닌 것 등의 대중에 둘러싸여 사바세계의 기사산굴에 이르렀다. 보현보살은 석가모니 부처님께 머리를 조아려 예배하고 오른쪽으로 일곱 바퀴를 돌고 부처님께 여쭈었다.

"부처님이시여,

제가 보위덕상왕 부처님 국토에 있으면서 부처님께서 사바세계에서 묘법연화경을 설하시기에 수 많은 보살 대중과 다른 여러 대중을 거느리고 왔습니다. 부처님께서 저희들을 위하여 경전을 설하여 주시기 바랍니다. 그리고 또 어떤 사람이 여래가 열반한 뒤 어떻게 하면 이 경전을 만날 수 있겠습니까?"

"어떤 사람이 네 가지 법을 성취하면 여래가 열반한 뒤에도 묘법연화경을 만날 수 있다. 첫째는 부처님을 호념하는 것이며, 둘째는 모든 덕의 근본을 심는 것이며, 셋째는 정정취에 들어가는 것이며, 넷째는 모든 중생을 제도하겠다는 마음을 내는 것이다."

"부처님이시여,
이천육백 년 후 혼탁하고 악한 세상에서 이 경전을 받아 지니는 사람이 있으면 제가 그 사람을 지키고 보호하며, 재앙을 덜어 주고 편안함을 얻게 하겠습니다. 나쁘고 악한 귀신이나 마귀들이 그 사람에게 접근하지 못하게 하겠습니다. 어떤 사람이 이 경전을 읽고 외우면 제가 흰 코끼리를 타고 여러 보살과 함께 그의 처소에 가서 지키고 보호하며 공양하겠습니다. 어떤 사람이 이 경전을 생각하고 해설한다면 제가 흰 코끼리를 타고 그의 처소에 나타나 이 경전을 통달하게 하겠습니다."

【28-2】 "이 경전을 받아 지닌 사람이 저의 몸을 본다면 매우 기뻐하며 더욱 정진할 것이며, 저의 몸을 본 인연으로 삼매와 선 다라니를 얻을 것입니다.
부처님이시여,
혼탁하고 악한 이천육백 년 후에 이 경전을 받아 지니고 읽고 외우려면 이십일 일 동안 한결 같은 마음으로 정진해야 하며, 이십일 일이 되면 제가 흰 코끼리를 타고 여러 보살 대중과 함께 그의 앞에 나타나 법을 설하여 이익 되게 하며, 기쁜 마음을 내게 하며, 다라니를 주겠습니다. 이 다라니를 얻으면 사람 아닌 것들이 파괴하지 못할 것이며, 애욕의 유혹을 받지 않을 것이며, 저도 이 사람을 지키고 보호하겠습니다.

아딘디 단디바디 단다바데 단다구사례 단다수다례 수다례 수다라바디 붓타파선네 살바다라니아바다니 살바바사아바다니 수아바다니 싱가바리사니 싱가녈가다니 아싱기 싱가바가디 데레아다싱가도랴아라데파라데 살바싱가디삼마디가란디 살바달마수파리찰데 살바살타루타교사랴아누가디 신아비기리디데

부처님이시여,
이 다라니를 듣는 보살이 있다면 그것은 보현의 원력에 의한 보현의 신통력인 줄 알아야 할 것입니다. 이 경전이 남섬부주의 사바세계에 유포되어 받아 지니는 사람이 있다면 그것은 보현의 위덕과 신통력인 줄 알아야 할 것입니다.

[28-3] 만일 이 경전을 받아 지니고 읽고 외우고 뜻을 해설하고 내용대로 수행하는 사람이 있으면 그 사람

은 보현의 행을 행하는 것이며, 한량 없는 부처님 처소에서 선근을 심어 부처님의 지혜를 성취한 자입니다. 이 경전을 쓰기만 하여도 도리천의 극락세계에 태어날 것입니다. 이 경전을 받아 지녀 읽고 외우고 뜻을 해설하면 이 사람은 무서움과 두려움에서 벗어나며, 목숨이 다 하면 미륵보살이 계시는 도솔천의 극락세계에 태어날 것입니다.

부처님이시여,

저는 신통력으로 이 경전을 지키고 보호하며, 여래가 열반에 든 뒤에 사바세계에 널리 전파하여 최상의 법이 끊어지지 않게 하겠습니다.

"착하고 착하다. 보현보살이여,

그대가 이 경전을 지키고 보호하여 많은 중생을 안락하게 하고 이익 되게 하였으니, 그대는 불가사의한 공덕을 성취하여 머지 않아 위 없는 바른 깨달음을 성취할 것이다. 그대가 이러한 원을 세웠으니 내가 신통력으로 보현보살의 이름을 부르는 자를 지키고 보호하겠다.

보현보살이여,

이 경전을 받아 지니고 읽고 외우고 쓰고 경전을 따라 수행하는 사람이 있으면, 이 사람은 석가모니 부처님이 바로 경전을 설해 주는 것을 들음과 같은 줄 알며, 석가모니 부처님께 공양하는 것인 줄 알며, 석가모니 부처님의 지혜를 터득함인 줄 알며, 석가모니 부처님의 가피를 입은 줄 알아야 한다.

이런 사람은 세간의 욕락을 탐하지 않으며, 세속의 책들을 좋아하지 않으며, 다른 사람들과 어울리기를 좋아하지 않으며, 백정이나 사냥꾼이나 짐승을 기르는 사람이나 나쁜 일을 하고 있는 사람들과 어울리기를 좋아하지 않는다. 이런 사람은 마음이 곧고 바르며 복덕이 있으므로 탐 진 치 삼독의 시달림을 받지 않으며, 질투심과 교만심도 없어서 부끄럽지 않으며, 욕심이 없어 있는 대로 만족할 줄 안다.
① 이 경전을 지니는 이는 세간의 욕락을 탐하지 않으며
② 다른 사람과 어울리기를 좋아하지 않으며,
③ 탐 진 치 삼독의 시달림을 받지 않으며, 질투심과 교만심이 없어 부끄럽지 않으며
④ 있는 대로 만족할 줄 알아 보현행을 닦는 자이다.

[28-4] 보현보살이여,
여래가 열반한 뒤 이천육백 년 후에 이 경전을 받아 지니고 읽고 외우는 사람이 있으면 그 사람은 물질을 탐하지 않으며, 마군이를 깨뜨리고 위 없는 바른 깨달음을 성취하여 법륜을 굴리고 법비를 내리고 마땅히 사자좌에 앉아 불법을 설할 것이다.
이 경전을 받아 지니는 사람을 업신여기고 비방하면 그 사람은 그 과보로 태어날 때 마다 눈이 멀게 될 것이며, 세세생생 이가 성글고 잘 빠지며, 입술이 추악

하고, 코가 납작하고, 손발이 비뚤어지고, 몸에 더러운 냄새가 나고, 종기가 나서 피고름이 나며, 배가 튀어나오며, 숨이 가쁘며, 온갖 나쁜 병에 걸리게 될 것이다.

그러므로 보현보살이여,

이 경전을 받아 지니는 사람을 보거든 일어나서 멀리 나가 영접하여 부처님을 공경하듯 정성을 다 하여라."

이 보현보살권발품을 말씀하실 때에 한량 없는 겐지즈 강의 모래만큼 많은 보살은 선 다라니를 얻었으며, 삼천대천 세계의 수 많은 보살은 보현의 도를 구족하였다.

부처님께서 이 경전을 말씀하실 때 보현보살 등의 여러 보살과 사리불 등의 성문과 하늘, 용, 사람, 사람 아닌 것 등 모든 대중이 크게 환희하며 부처님의 말씀을 받아 지녀 예배하고 물러갔다.

부 록
낱말, 내용 찾아보기

ㄱ

가루라 : 독수리와 같은 사나운 새로 용을 잡아 먹는다는 조류왕. 불법을 수호하는 팔부중의 하나.

가류타이 : 부처님의 제자로 계율을 잘 지키지 않고 말썽을 많이 일으킨 육군비구의 한 명.

가야가섭 : 가섭 삼형제(우루빈나가섭, 나제가섭, 가야가섭)의 한 명. 불을 숭상하는 외도였으나 두 형제와 함께 불교에 귀의하여 부처님의 제자가 됨.

가전연 : 부처님의 십대 제자 중의 한명으로 논의 제일. 남인도 사람. 남인도에 불법을 전파하기 위하여 나라에서 불법을 배워 오도록 유학을 보내어 부처님의 제자가 되었음.

건달바 : 제석천의 아악을 관장하는 신으로 향기를 먹고 산다. 불법을 수호하는 팔부중의 하나.

겁빈나 : 부처님의 제자로 천문과 역술에 능통함.

견숙가보배 : 붉은 빛이 나는 보석.

결가부좌 : 수행자가 좌선할 때 양 다리를 교차시켜 앉는 방법.

관세음보살 : 대자대비를 근본 서원으로 하는 보살로 관자재보살, 대세지보살 등 10가지의 다른 명호가 있음.

광음천 : 색계 제 2 선천중의 제 3천. 이 하늘 중생들은 음성이 없고 입으로 빛을 낸다.

교범바제 : 부처님의 제자로 계율 해석의 제일인 자.

구경열반 : 대반열반이라고도 함. 열반의 원래 뜻은 '불어 끈다'는 뜻으로 타오르는 번뇌의 불을 멸진해서 깨달음의 지혜인 보리를 완성한 경지.

구반도귀신 : 사람의 정기를 빨아 먹는 귀신으로 머리는 말, 몸은 사람 모습을 하고 있음.

구치라 : 사리불의 외삼촌. 부처님의 제자가 되어 변재가 뛰어나 문답제일 이라함

귀자모 : 다른 사람의 어린애를 잡아먹으므로 부처님께서 귀자모의 막내 아들 빈가라를 감추어

버리니 7일 동안이나 찾았으나 찾지 못하고 부처님을 찾아와 빈가라가 있는 곳을 물었다. 부처님께서는 앞으로 어린애를 잡아먹지 않는다는 서약을 받고 빈가라를 돌려주었다. 부처님께서는 오계를 주어 제자가 되게 하였다.

근기 : 그 사람이 갖고 있는 능력과 성품.

기사굴산 : 중인도 마갈타국 와사성의 동북쪽에 있으며 산봉우리가 독수리같이 생겼고 부처님께서 묘법연화경(법화경)을 이 산에서 설하셨다.

긴나라 : 사람인지 짐승인지 알 수 없는 모습을 하고 노래하고 춤추는 괴물. 팔부중의 하나.

ㄴ

나유타 : 인도에서 사용하던 수량의 단위. 천만이나 천억을 가리킴.

나제가섭 : 가섭 삼형제 중의 한명.

나찰 : 사람의 피와 살을 먹는 무섭고 포악한 귀신.

난생(卵生) : 알에서 태어나는 것.

난타 : 카필라성의 왕자. 부처님의 이복동생. 손타라의 아름다움에 반하여 출가하지 않으려고 하였으나 부처님이 방편으로 천상과 지옥을 보여주어 부처님의 제자가 됨.

남섬부주 : 수미산 남쪽에 있는 세계. 우리가 살고 있는 지구가 여기에 속한다.

네 가지 걸림 없는 지혜(四無礙. 四無礙智. 四無礙解) : 네 가지 자유자재하며 거리낌 없는 이해 능력 및 표현 능력. 온갖 교법에 통달한 법(法)무애. 교법의 흐름과 관계를 아는 의(義)무애. 여러 가지 말을 통달하여 알아듣는 사(辭)무애. 교법을 설하는 자재한 낙설(樂說)무애.

네 가지 두려움 없음(四無所畏) : 법을 설함에 있어서 두려움이 없으며 자신 있게 할 수 있음을 뜻한다. 모든 법을 증득하여 두려움이 없음. 모든 번뇌를 끊었으므로 두려움이 없음. 수행하는 데 장애되는 것을 모두 설했으므로 두려움이 없음. 해탈에 이르는 길을 설했으므로 두려움이 없음.

네 가지 붙들어 주는 법(四攝法) : 수행자들을 믿고 따르고 하여 깨달음에 이르게 하는 네 가지 행위. 중생들에게 재물과 진리를 베풀어 주는 보시(布施)섭. 부드러운 말을 하여 마음을 편안하게 하는 애어(愛語)섭. 중생을 이익하게 행위 하는 이행(利行)섭. 중생들과 고락을 같이 하며 그들과 함께함으로써 진리로 들어오게 하는 동사(同事)섭.

ㄷ

다라니 : 능히 무량, 무변한 이치를 터득하여 잃

지 않고 지혜로운 힘이 생기는 글귀를 일컫는다.

다라수 : 열대지방의 종려과에 딸린 식물. 높이가 80~90척이 됨. 인도에서는 높이를 나타내는 단위로 사용하며 49척(14.85m)이 1 다라수이다.

다보여래 : 동방의 보정세계에 계시는 부처님. 보살로 있을 때 '내가 성불하여 멸도한 후에도 시방세계의 어느 곳이나 법화경을 설하는 곳에는 나의 보배탑이 솟아나와 그 설법을 증명하리라'고 서원한 부처님.

다섯 가지 욕망(五慾) : 인간의 다섯 가지 근본 욕망. 재욕. 색욕. 식욕. 수면욕. 명예욕.

대위덕장삼매 : 악을 제지하고 선을 증장시키는 삼매.

대자재천 : 이 천왕은 세 개의 눈과 여덟 개의 팔을 가졌으며 천관을 쓰고 흰 소를 탔으며 흰 불자를 든 큰 위덕을 가진 신이다.

대천세계 : 우리가 살고 있는 이 사바세계를 1소

세계라 하고, 소세계가 1천 개 모인 것을 소천세계라 하고, 소천세계가 1천 개 모인 것을 중천세계라 하고, 중천세계가 1천개 모인 것을 대천세계라 한다. 이 대천세계는 천이 세 개 모인 것이므로 삼천대천세계라고도 한다.

도리천 : 욕계 6천의 제 2천. 8만 유순이나 되는 수미산의 꼭대기에 있으며 중앙에 선견성이 있어 제석천이 살고 있으며, 사방에 여덟 성이 있어 32성이 있으며 이 32성이 32천이며, 선견성을 포함하여 33천이라 한다. 부처님께서 어머니 마야부인을 위하여 이 도리천에 올라가 설법한 것으로 유명하다.

도솔천 : 욕계 6천의 제 4천. 수미산 꼭대기로부터 12만 유순 위에 있는 하늘이다. 미륵보살이 일생보처보살로서 도솔천에 머물며 하늘 중생들을 제도하며, 남섬부주에 하생하여 성불할 시절인연

을 기다리고 있다.
등신불 : 몸 크기 만 한 정도로 만든 불상.

ㄹ

라후라 : 부처님의 친아들이며, 부처님께서 도를 이루신 후 카필라성을 방문했을 때 따라 출가하였음. 부처님의 십대 제자로서 밀행제일.

ㅁ

마노 : 칠보 중의 하나로 담록색의 옥.
마하가섭 : 부처님의 십대 제자로서 두타제일. 부처님의 맏 제자로서 부처님께서 열반하신 후 제1결집을 주도하였고 교단을 이끌었음.
마하파사파제 : 부처님이 어릴 때 부처님을 양육한 이

모이며, 여자로서 처음으로 출가 수행자가 되었음.

마후라가 : 몸은 사람과 같고 머리는 뱀의 형상을 하고 있음. 팔부중의 하나.

만다라꽃 : 하늘 나라에서 피는 꽃 중의 하나. 빛깔은 붉은 색 비슷하고 매우 아름답다.

만수사꽃 : 하는 나라에서 피는 꽃 중의 하나. 이 꽃을 보면 악한 생각이 없어진다.

멸상(滅相) : 여러 가지로 생멸 변화하는 제법의 현상에서, 현재의 상태가 쇠하여 없어져서 원래의 모습으로 돌아가는 것.

명행족 : 부처님의 십호 중의 하나. 명은 삼명을, 행은 삼업을, 족은 만족을 뜻하므로 삼명과 삼업을 원만히 갖추었으므로 명행족이라 한다.

목건련 : 부처님의 십대 제자로서 신통제일. 외도에게 사리불과 함께 도를 배우다가 부처님의 제자 마승(최초로 부처님의 제자가 된 오비구 중의

한 명, 아설시 라고도 함)의 깨끗하고 거룩한 모습을 보고 죽림정사를 찾아가 부처님의 제자가 되었다. 불법을 전파하다가 이교도의 돌 매질에 맞아 순교를 하였다.

목진린타산 : 지옥에 있는 산.

묘당상삼매 : 법화경에서 설한 16 삼매 중의 하나. 마치 군대의 장군이 깃발을 얻어 그 위대함을 나타내는 것처럼 삼매 중에 으뜸이라 함.

묘법 : 형태도 없으며 소리도 없으며 모든 사고 영역을 초월한 것. 우주의 총 통합적인 진리.

묘법연화경 : 묘법연화경은 원래 27품이었는데, 천태지의에 의하여 "제바달다품"이 제 11품, "견보탑품" 다음에 첨가되어 현재의 구성과 같은 28품을 이루고 있다. 이 법화경을 제 14품 "안락행품"과 제 15품 "종지용출품"를 사이로 하여 전반과 후반으로 나누어 해석할 수 있다. 전반에서는

제2품 "방편품"을 중심으로 우주의 무한하고 절대인 통일적 진리가 밝혀져 있다. 그리하여 부분적으로 미시적인 세계로부터 거시적인 세계까지 혼연일체를 이루고 있다. 우주의 실상인 통일적이며 평등의 세계가 역동적으로 묘사되어 있다. 후반에서는 제 16품 "여래수량품"을 중심으로 현세의 석가모니 부처님이 실은 먼 옛날에 이미 성불하였고(久遠實成), 본래부터 영원한 부처(久遠本佛)라고 묘사하고 있다. 그리하여 부처의 수명은 영원하며 따라서 모든 존재도 이미 부처를 이루고 있으며 수명도 영원하다는 것을 강조하고 있다. 전반이 제법의 평등 통일이라면 후반은 제불의 평등 통일을 나타내고 있다. 묘법연화경의 구성을 살펴보면 제1품 "서품"이 서분(서론)에 해당하고. 제2품 "방편품"부터 제 25품 "관세음보살보문품"까지가 정종분(본론 및 결론. 성불수기와 전법교화)에 해당하며, 제26품 "약왕보살본사품"부터 제 25품 "보현보살권발품"까지가 유통분(덧붙임 및 후기)으로 이루어져 있다.

무량의처삼매 : 제법의 실상이 무상임을 증득하는 삼매.

무루(無漏) : 누는 모든 번뇌를 뜻하며, 눈, 귀, 코, 혀, 몸, 뜻의 육근에서 허물을 항상 만들어 누출한다는 뜻이다. 소승에서는 번뇌를 증상하지 않음을 뜻하고 대승에서는 번뇌와 함께 하지 않음을 말한다.

무루법 : 번뇌의 때를 여의고 존재의 본질을 바로 본 청정한 법을 말함.

무상사 : 부처님의 십호 중의 하나이며, 모든 생명 있는 것 가운데 가장 어른이라는 뜻이다.

무생법인 : 불생불멸의 진여를 깨달아 알고, 거기에 안주하여 움직이지 않는 것.

무여열반 : 육체 등 생존의 제약에서 완전히 이탈

한 상태. 일체 고뇌가 없는 영원한 편안만이 있는 열반.

무연삼매 : 묘법연화경에서 설한 16 삼매중의 하나. 일체의 마음작용을 모두 여읜 선정.

무정 : 돌이나 산처럼 정신작용이 없는 것으로 무정물의 총칭.

문수(사리)보살 : 대승보살 중의 한명으로 지혜가 뛰어난 보살, 석가모니 부처님의 좌보처로 부처님의 지혜와 자비 중에 지혜를 상징함.

미륵보살 : 인도 바라내국의 바라문으로 태어나 부처님의 교화를 받아 제자가 됨. 미래에 성불하리라는 수기를 받아 부처님보다 먼저 열반하여 도솔천에 올라가 하늘에서 하늘 사람들을 교화하다가 석가모니 부처님 입멸 후 56억 7천 만년을 지나면 사바세계에 출현한다고 한다.

ㅂ

바라나 : 부처님께서 도를 이루고 처음으로 설법한 곳.

박구라 : 부처님의 제자로 얼굴과 몸매가 매우 단정하였으며 한 번도 병을 앓은 일이 없고, 항상 사람을 피하여 한적한 곳에서 수행하기를 좋아하였다. 160세까지 살아 장수제일이라 하였다.

범지 : 바라문의 생활 4기 중에 깨끗한 생활을 하면서 오직 공부에만 전심전력을 하는 11세부터 22세까지를 말한다.

범천왕 : 색계 초선천을 주재하는 왕으로 부처님께서 출현하실 때 항상 제일 먼저 설법을 청하며, 항상 부처님을 오른편에 모시고 손에는 흰불자를 들고 있음.

법장 : 부처님에 의하여 설해진 법을 함장하고 있다는 뜻. 경전을 가리킴.

법화삼매 : 법화경을 깨달아 터득하는 삼매.

법화 16삼매 : 법화경을 깨달아 터득하는 16가지 삼매.

묘당상삼매 : 마치 군대의 장군이 깃발을 얻어 그 위대함을 나타내는 것처럼 삼매중의 으뜸이라 함.

법화삼매 : 법화경을 깨달아 터득하는 삼매.

정덕삼매 : 청정하고 덕이 있는 삼매.

수왕희삼매 : 불가사의한 공덕을 성취하는 삼매.

무연삼매 : 일체의 마음작용을 모두 여읜 삼매.

지인삼매 : 최고의 지혜를 획득하는 삼매.

중생어언삼매 : 삼매에 들어있을 때 모든 중생들의 언어를 알아들음.

일체공덕삼매 : 모든 공덕을 모으는 삼매.

청정삼매 : 맑고 깨끗하여 모든 것이 투명하게 비치는 삼매.

신통유희삼매 : 신통력을 얻는 삼매.

혜거삼매 : 모든 것을 밝게 비추는 지혜의 등불을 획득하는 삼매.

장엄왕삼매 : 모든 장엄 중에 최고의 장엄 삼매.

정광명삼매 : 바른 지혜의 삼매.

정장삼매 : 깨끗함이 창고에 가득한 삼매.

불공삼매 : 최고의 지혜를 터득했을 때 드는 삼매.

일선삼매 : 불과를 얻는 유일한 선의 삼매.

벽지불 : 꽃이 피고 잎이 지는 등의 자연의 이치를 스승 없이 혼자서 스스로 깨달은 이. 연각이라고도 한다.

변정천 : 색계 제3선천의 제 3천. 이 하늘은 거룩하고 깨끗하고 아름다우며 즐거움이 가득 찼다는 뜻으로 변정이라 함.

보살 : 수행 정진하여 도를 구하고 아울러 모든 중생들을 이익되게 교화하며 깨달음을 성취하려고 원을 세운 수행자.

보현보살 : 부처님의 우보처로서 자비를 상징하는 보살이다.

부루나 : 부처님의 십대제자로서 설법 제일, 부처님과 생년 월일이 같으며 지혜가 매우 뛰어났다. 여러 나라를 돌아다니면서 인격과 변재로써 많은 사람들을 교화하였다.

불 : 진리를 깨달은 이.

불공삼매 : 묘법연화경에서 설한 16 삼매중의 하나, 최고의 지혜를 터득했을 때 드는 삼매.

비구 : 남자 수행자.

비구니 : 여자 수행자.

비사문천왕 : 4천왕 가운데 비사문천의 왕. 불법을 수호하는 천신이며 복을 베푼다.

비사사귀신 : 용왕과 함께 광목천을 따라 서방을 수호하는 귀신.

ㅅ

사가타 : 존자의 이름. 태어날 때 용모가 아름다워 그의 아버지가 기뻐하며 사가타(先來)라 불렀다 함.

사다함 : 한 번만 다시 태어나서 깨닫는 자.

사대천왕 : 욕계 6천의 제 1인 사천왕의 주인으로서, 수미의 4주를 수호하는 신. 1)지국천왕은 팔부중 건달바. 부단나 두신을 지배하여 동주를 수호함. 2)증장천왕은 팔부중 구반다, 폐려다 두 신을 지배하여 남주를 수호함. 3)광목천왕은 용, 비사사 두신을 지배하여 서주를 수호함. 4)다문천왕은 야차, 나찰 두신을 지배하여 북주를 수호함.

사리 : 수천만 년 동안 계, 정, 혜 삼학의 수행정진으로 생기는 수행의 결정체.

사리불 : 부처님의 십대 제자로서 지혜 재일. 목

건련과 함께 외도를 섬기다가 아설시(마승)의 청정한 모습에 감복하여 부처님의 제자가 되었다. 평생 일관된 수행정진으로 교단의 모범이 되었으며, 부처님보다 먼저 입적하였다.

사무량심(四無量心) : 불, 보살의 자비희사(慈悲喜捨) 네 가지 덕을 말함. 모든 중생들에게 기쁨을 주는 자무량심, 모든 중생들의 고통과 슬픔을 자신의 것으로 생각하고 해결해 주려는 비무량심, 중생들의 기쁨을 함께 기뻐해 주는 희무량심, 탐진치가 없으며 교만과 편견도 없어 모든 것을 진리로 회향하는 사무량심을 말한다.

사무애 : 네 가지 걸림이 없는 지혜.

사자좌 : 부처님께서 설법할 때 앉으시는 자리.

사제법(四제法) : 부처님께서 깨치신 연기법을 설명하기 위하여 구체적으로 체계화한 가르침으로 고집멸도를 말한다. 고(苦)제는 과제의 제시이며 존재하는 모든 것은 고통이다는 명제. 집(集)제는 발생의 이유이며 무엇 때문에 고가 생겼는가 원인을 밝히는 명제. 멸(滅)제는 현실의 극복이며 고가 멸해진 열반적정의 상태를 나타내는 명제. 도(道)제는 실천방법이며 고를 멸하여 열반적정에 이르기 위하여 어떻게 하면 될 것인가를 생각하고 실천하는 명제.

사제화 : 육두관류에 속하는 식물 이름이며, 꽃향기가 매우 좋다고 함.

삼계 : 중생들이 생사에 유전하는 미혹의 세계. 욕계, 색계, 무색계이며, 욕계는 지옥, 아귀, 축생, 아수라, 인간, 천상(사천왕천, 도리천, 야마천, 도솔천, 화락천, 타화자재천)이며, 색계는 초선천(범천, 범중천, 범보천, 대범천), 2선천(소광천, 무량광천, 광음천), 3선천(소정천, 무량정천, 변정천), 4선천(무운천, 복생천, 광과천), 정범지

(무뇌천, 무열천, 선현천, 선견천, 색구경천, 화음천, 대자재천)이며, 무색계는 공무변처, 식무변처, 무소유처, 비상비비상처로 이루어져 있다.

삼매 : 마음이 들뜨고 가라앉음을 여읨으로 평등하여 편안하게 하며 마음을 한 곳에 머물게 한다는 뜻이다.

삼명(三明) : 세 가지 밝음. 수행자들이 체득하는 세 가지 지혜. 자신과 다른 사람의 숙세의 업을 모두 아는 지혜. 중생들이 나고 죽는 일을 모두 아는 지혜. 모든 번뇌를 끊어서 깨달은 지혜.

삼승 : 성문, 연각, 보살을 가리킴.

삼십삼천 : 도리천을 말함.

삼십이상 : 부처님이나 전륜성왕이 갖추고 있는 32가지의 훌륭한 모습. 겉 모습을 보아서 알 수 있는 신체적 특징 32 가지.

삼악도 : 육도윤회 중에서 지옥, 아귀, 축생을 가

리킨다.

색구경천 : 색계 18천 하나로 4선천의 맨 위에 있는 하늘.

색신삼매 : 형상을 갖고 있는 몸으로 법신을 이루는 삼매.

선서 : 부처님의 십호 중의 하나.

선정 : 몸과 마음을 한 곳에 집중하여 무념무상을 이루는 상태.

성문 : 부처님의 제자들로 법문을 듣고 깨닫는 자.

세가지 밝음 : 삼명과 같음.

세간해 : 부처님의 십호 중의 하나. 세간의 유정과 무정의 일을 다 아는 것.

소겁 : 10세부터 시작하여 100년마다 1세씩 늘어 8만 세에 이르기 까지의 기간. 약 팔백만 년.

소승 : 자신의 견성을 목적으로 수행 정진하는 것. 성문승과 연각승이 여기에 속한다.

수다원 : 영원의 편안에의 흐름을 탄 자.

수마나화 : 황백색의 꽃을 피우는 향기로운 나무.

수미산 : 4주 세계의 중앙인 금륜 위에 우뚝 솟은 높은 산.

수보리 : 부처님의 십대 제자로서 해공제일, 금강반야바밀경에 나오는 주인공으로 부처님에게 기원정사를 지어 희사한 장자 수닷타의 조카이다.

수정빛 : 파려빛, 파려하는 보석.

습생 : 모기와 같이 습기로 태어나는 것. 4생(태생, 난생, 습생, 화생) 중의 하나.

신장 : 불법을 수호하는 화엄신장을 말함.

십력 : 부처님이 지니고 있는 열 가지 지혜의 힘. 옳고 그름을 분명하게 아는 지혜. 업과 과보의 인과관계를 아는 지혜. 모든 삼매의 순서와 얕고 깊음을 아는 지혜. 중생들의 능력과 성질을 아는 지혜. 중생들의 바른 신앙을 아는 지혜. 중생의 본

성과 행위를 모두 아는 지혜. 여러 세계에 태어나는 업을 아는 지혜. 과거세의 모든 업을 아는 지혜. 중생이 생사를 받을 때를 아는 지혜. 여러 가지 번뇌가 모두 소멸하여 다음 생을 받지 않음을 아는 지혜.

십이연기법 : 존재의 상의성과 무자성을 나타내는 불교의 중심 교리. 모든 존재는 관계와 상의성의 법칙에 의하여 생성하고 소멸한다는 존재의 관계성을 밝힌 부처님의 인식론. 부처님의 깨달음은 이 십이연기법으로 구체화된다. 무명에 의하여 모든 행, 움직임이 일어나고, 이 행에 의하여 서로 인식하는 식이 형성되며, 이 식에 의하여 명색이 형성되며 이 명색에 의하여 육입이 이루어지며, 이 육입에 의하여 접촉이 이루어지며, 이 촉에 의하여 느낌이 이루어지며, 이 느낌에 의하여 애욕 등 감정이 형성되고 이 애욕에 의하여 취

하고 버리는 분별심이 형성되며, 이 취에 의하여 생성력이 생겨 있게 되는 유가 있으며, 이 유로 말미암아 태어남이 있고 이 태어남으로 해서 늙고 병들고 죽음이 있게 된다. 이러한 관계를 업의 생성 소멸 관계에 따라 다람쥐 쳇바퀴 돌듯이 계속하는 것이며, 나아가서는 육도를 윤회하게 되는 것이다.

o

아나율 : 부처님의 십대 제자로서 천안 제일. 눕지도 않고 자지도 않고 수행하여 실명하여 눈이 멀었지만 하늘 세계까지 볼 수 있는 천안을 얻었음.

아나함 : 이제는 결코 태어나 오지 않는 자. 한문으로 불환(不還)이라 함.

아난 : 부처님의 십대 제자로서 다문 제일. 모든 경전의 서술에서 '내가 이렇게 들었다(여시아문)'로 시작하는 것은 제1 결집 때 아난의 송출에 의하여 그렇게 된 것이다.

아누루타 : 아나율이라고도 하며, 부처님의 십대 제자로서 천안 제일.

아라한 : 집착에서 벗어난 존경 받을 만한 사람.

아비지옥 : 팔열 지옥의 하나. 지옥 가운데 고통이 가장 심한 지옥.

아사세왕 : 부처님 당시 중인도 마갈타국의 왕. 제바달다의 꾀임에 빠져 아버지 빈비사라 왕을 죽이고, 어머니 위제희를 감옥에 가두기도 했으나 부처님의 감화에 의하여 불법에 귀의함.

아수라 : 육도 윤회 중의 하나.

아승지겁 : 헤아릴 수 없는 가장 큰 수.

아야교진여 : 최초로 부처님의 제자가 된 오비구

중의 한명.

야수다라 : 부처님의 출가하기 전 왕자로 있을 때 부인.

야차 : 포악한 동물 날아다니는 야차도 있고, 날지 못하는 야차도 있음.

여래 : 진리에 따라서 왔고 진여에서 출현한 이, 불, 부처님을 말함. 여래 십호는 1) 응공(공양을 받을 만한 이), 2) 정변지(바르고 완전하게 진리를 남김 없이 깨달은 이), 3) 명행족(지혜와 행동이 완전한 자), 4) 선서(잘 가는 이) ,5) 세간해(세간과 출세간의 일을 다 아는 이), 6) 무상사(세간에 있어서 가장 높은 이), 7)조어장부(중생들을 잘 조복하여 열반으로 인도하는 이), 8) 천인사(하늘과 인간의 스승), 9) 불(깨달은 이), 10) 세존(많은 덕을 갖추어 세간에서 존경 받는 이).

여섯 가지 신통 : 육신통, 수행의 결과 체득되는

여섯 가지 신통한 힘. 1)모든 장소를 자유롭게 왔다 갔다 할 수 있는 신족통. 2)어떤 소리든지 자유롭게 들을 수 있는 천이통. 3)다른 생명들의 마음을 꿰뚫어 알 수 있는 타심통. 4)모든 중생들의 전생을 아는 숙명통. 5)보이지 않는 세계까지 볼 수 있는 천안통. 6)번뇌를 완전히 소멸시킨 누진통.

연각 : 벽지불, 독각

연등불 : 석가모니 부처님이 설산에서 보살로서 수행할 때 다음 생에 성불할 것이다라고 성불수기를 준 부처님.

연화 : 더러운 연못과 같은 현실에 놓여 그곳에서 진리으 아름다운 꽃을 피우게 한다는 뜻.

열 가지 힘 : 십력

열반적정 : 모든 고통을 여의고 몸과 마음이 가장 이상적인 상태에 놓여 있는 것.

열여덟 가지 함께 하지 않는 법 十八不共法 :

부처님에게만 있는 열여덟 가지 지혜와 공덕. 1)부처님의 몸에는 잘못이 없음. 2)부처님의 말씀에는 잘못이 없음. 3)부처님은 깊은 선정을 닦아 흐트러짐이 없음. 4)일체중생을 평등하게 대하여 차별이 없음. 5)항상 선정을 떠나지 않음. 6)일체 법을 깨닫고 집착하지 않고 버림. 7)중생을 이익하게 하려는 마음이 감소하지 않음. 8)도를 이룬 후에도 계속 정진함. 9)중생을 제도하겠다는 생각이 감소하지 않음. 10)지혜가 감소하지 않음. 11)해탈을 성취하여 일체의 번뇌가 없음. 12)해탈의 지견이 감소하지 않음. 13)뛰어난 지혜로 중생들을 잘 교화하는 행. 14)훌륭한 설법과 지혜로 중생들을 잘 교화하는 행. 15)훌륭한 뜻과 생각으로 중생들을 잘 교화하는 행. 16)과거세를 걸림 없이 아는 지혜. 17)미래세를 걸림 없이 아는 지혜. 18)현재 세를 걸림 없이 나는 지혜.

영락 : 보석으로 만든 목걸이나 팔지.

영취산 : 중인도 마갈타국 왕사성 부근에 있는 산. 부처님께서 이곳에서 법화경을 설하셨다. 독수리가 많이 살고 있다고 영취산, 또는 산 모양이 독수리의 머리와 비슷하게 생겼다고 영취산이라 이름 함.

오근 : 깨달음을 성취하기 위하여 닦아야 할 다섯 가지 능력. 믿음을 굳건하게 하는 신근. 수행을 굳건하게 하는 정진근. 바른 생각과 행위를 마음 속에 확실하게 그리는 염근. 마음을 안정되게 평등하게 가지게 하는 정근. 지혜를 증진시키는 혜근을 말한다.

오력 : 오근의 바른 수행에 의하여 생기는 다섯 가지 힘. 신력, 정진력, 염력, 정력, 혜력.

오비구 : 부처님의 최초 제자가 된 다섯 명의 수행자.

오욕락 : 다섯 가지 욕망.

왕사성 : 부처님 당시 마갈타국의 수도.

우담발라 : 삼천 년에 한 번 피는 꽃으로 매우 희귀하고 귀하다는 뜻에 비유하여 쓰임.

우두전단 : 향기가 사향과 비슷한 향나무, 빛은 적동색이며 이 나무로 불상이나 전당을 많이 만든다.

우루빈나가섭 : 가섭 삼형제의 큰형. 불을 신봉하던 외도였지만 불법에 귀의하여 부처님의 제자가 되었음.

우바새 : 남자 재가 수행자.

우바이 : 여자 재가 수행자.

우타이 : 우다이. 카필라성의 대신으로 태자의 출가를 막으려고 하였으나 부처님에게 설득 당하여 부처님의 제자가 됨.

위제희 : 마갈타국의 빈비사라와의 왕후이며 아사세왕의 어머니이다.

유리빛 : 유리라는 보석에서 나는 빛. 칠보의 하나.

유순 : 인도에서 사용하는 거리의 단위로써 1 유순이 40리(16km)에 해당함.

유여열반 : 수행정진으로 미망의 번뇌는 끊었으나 아직도 과거의 업보를 받은 육신이 멸하지 않은 열반.

유정 : 생명이 있는 모든 것. 중생.

유정천 : 비상비비상천의 다른 이름.

육도 : 탐진치의 중하고 약함에 따라 윤회하는 여섯 가지 세계. 지옥. 아귀, 축생. 아수라. 인간. 하늘을 뜻한다.

육바라밀 : 깨달음을 성취하기 위하여 실천하는 여섯 가지 수행덕목, 내 것이라는 생각이 없으므로 저절로 베품(보시)이 이루어지며, 나와 남의 구별이 없는 모든 것이 하나라는 생각에서 저절로 절제된 삶(지계)가 이루어지며, 모든 것이 나이므로 화가 날 일이 없으므로 저절로 참음(인욕)

이 이루어지며, 모두 깨달음에 도달해야할 공동 운명체이므로 모든 것에 지극해야 한다는 생각에 저절로 수행(정진)이 이루어지며, 나와 남의 구별이 없으니 저절로 하나된 안정된 마음(선정)이 이루어지며, 존재하고 있는 모든 것들의 관계를 바로 알고 있으니 어리석은 마음이 저절로 없어지니 밝음(지혜)의 세계가 이루어지는 것이다.

육신통 : 여섯 가지 신통.

응공 : 부처님의 십호의 하나. 마땅히 공양을 받을 만한 자.

이상 : 열반은 적멸이며 생사열반의 상이 없음을 말함.

일대사인연 : 부처님이 이 세상에 출현하신 유일한 목적.

일불승 : 부처.

ㅈ

자재천 : 대자재천을 말함.

적멸상 : 미혹의 세계에서 영원히 벗어난 상태로서 열반의 상을 뜻함.

전단향 : 인도등에서 자생하는 상록수인 향나무의 향기.

전륜성왕 : 복덕과 지혜를 모두 갖춘 뛰어난 왕.

정변지 : 부처님의 십호 중의 하나. 세간과 출세간의 모든 지혜를 다 갖춘 이.

정정취 : 중생을 세 가지 종류로 분류하여 삼정취라하며, 정정취, 사정취, 부정취로 나눈다. 견성한 성자는 견혹 등을 끊고 열반에들 것이 결정되었으므로 정정취라 하며, 오무간업을 범한 자는 반드시 지옥에 떨어질 것이므로 사정취라 하며, 그 외 어떤 과보를 받을 것인지 결정되지 않는 자를 부정

취라 한다.

제석환인 : 제석천왕.

조달 : 제바달다의 다른 이름.

조어장부 : 부처님의 십호 중의 하나. 중생들을 잘 조복 제어해서 열반으로 인도하는 이.

중겁 : 20소겁을 1 중겁이라 한다.

지국천왕 : 사천와의 하나. 동방의 수호를 맡은 신.

집금강신 : 손에 금강저를 들고 제석천의 궁문을 수호하는 야차신.

ㅊ

차거(硨磲) : 흔히 〈자거〉로 읽음. 칠보 중의 하나이며 그 색깔이 말의 뇌색과 비슷함. 나중에는 백산호나 조개껍질로 만든 것을 차거라 했다.

찰제리 : 인도의 사성제 계급 중 제 2에 속하는

왕이나 무사 등. 크샤트리아.

천인사 : 부처님의 십호 중의 하나. 하늘과 인간의 스승.

철위산 : 9산 중의 하나. 모두 철로 이루어졌기 때문에 철위산이라 하며 지변산을 둘러싸고 있는 9산 중에 가장 밖에 위치하고 있음. 넓이와 높이가 3백 12유순(약 5,000Km)이나 된다.

칠각지 : 칠각분. 깨달음을 성취하기 위한 일곱 가지 수행법. 뛰어난 지혜로 오래 전에 경험한 일을 기억하여 잘 잊지 않는 것. 분별 사유하는 능력을 기르는 것. 생각하면서 수행 정진하는 것. 수행 정진하면서 법열을 느끼는 것. 법열에 의하여 맑고 편안해 지는 것. 선정에 의해 정신이 안정되고 통일 되는 것. 통일된 마음을 평등하게 관조하는 것.

칠보 : 금. 은. 유리. 파려(수정). 차거(산호). 진주. 마노(담녹색의 옥)의 7가지 보물.

칠보탑 : 다보탑. 칠보로 만든 탑.

ㅌ

태생 : 4생 중의 하나. 사람이나 동물처럼 태로 태어나는 것.

ㅍ

팔십종호 : 부처님이 갖추고 있는 눈에 잘 보이지 않는 팔십 가지의 신체적 특징.

팔정도 : 초기 불교에서 여덟 가지의 실천 수행 방법. 1)바르게 보아라, 정견. 2)바르게 생각하라, 정사유. 3)바르게 말하라, 정어. 4)바르게 행위하라, 정업. 5)바르게 생활하라, 정명. 6)바르게 정진하고 노력하라, 정정진. 7)바르게 깊이 생각하라, 정

념. 8)바르게 하나된 생각으로 안정하라, 정정.

팔해탈 : 여덟 가지 정의 힘으로 탐착심을 버리는 것, 육신과 정신에서 일어나는 욕망을 소멸시키기 위하여 부정관을 하며, 이 부정관을 통하여 정신적 통일과 안정을 얻어 결국 멸진정에 들어가는 것을 말한다.

필릉가바차 : 부처님의 제자. 세속에 있던 거만한 습성이 많이 남아 있어 여습(餘習)이라 불림.

ㅎ

항하사(겐지즈강의 모래만큼 많은) : 갠지즈강의 모래만큼 많은 것을 나타냄.

해탈 : 미혹의 세계에서 벗어나는 것. 고뇌의 세계에서 벗어나 열반에 이르는 것.

화생 : 4생의 하나로 의탁함이 없이 스스로 홀연히 생겨남. 극락 왕생은 태생과 화생의 두 종류가 있다.

우리말
묘법연화경

통섭출판사

판권
지은이 김성규
펴낸이 심관희
펴낸곳 통섭출판사

2쇄 인쇄 2018년(불기 2562년) 2월 10일
2쇄 발행 2018년(불기 2562년) 2월 16일

등록번호 제 2014-4호
등록일자 2014년 3월 18일

주소 대구광역시 남구 대명역1길 11
Tel (053) 621-2256, Fax (053) 621-2256
E-mail : tongsub2013@daum.net

ISBN 979-11-953733-2-1 93220
값 20,000원

* 저자와의 협약에 의해 인지를 생략합니다.
* 잘못된 책은 바꿔 드립니다.